Anselm Grün

De la felicidad
en las pequeñas cosas

Traducción del alemán de Francisco García Lorenzana

editorial Kairós

Título original: VOM GLÜCK DER KLEINEN DINGE by Anselm Grün
Originally published by Vier -Türme - Verlag
© 2018 (Vier-Tuerme GmbH, Verlag, 97359 Münsterschwarzach Abtei)
© de la edición en castellano:
2019 by Editorial Kairós, S.A.
Numancia 117-121, 08029 Barcelona, España
www.editorialkairos.com

© **de la traducción del alemán al castellano:** Francisco García Lorenzana
Revisión: Alicia Conde
Fotocomposición: Florence Carreté
Diseño cubierta: Katrien Van Steen
Impresión y encuadernación: Romanyà-Valls. 08786 Capellades

Primera edición: Marzo 2019
ISBN: 978-84-9988-669-5
Depósito legal: B 5.463-2019

Este libro ha sido impreso con papel certificado FSC, proviene de fuentes
respetuosas con la sociedad y el medio ambiente y cuenta con los
requisitos necesarios para ser considerado un «libro amigo de los bosques».

Sumario

Introducción

Con frecuencia preguntamos a los demás: «¿Cómo te va?» o «¿Cómo estás?» o «¿Cómo va con la familia, con los niños, con la empresa?». Algunos contestan: «Estoy satisfecho». Eso puede significar: «No me va demasiado bien. No puedo decir que todo va estupendamente, pero estoy satisfecho con la situación, tal como es. Siento una paz interior cuando pienso en mi vida. Estoy satisfecho con mi salud. Quizás ahora no estoy tan en forma como antes, pero estoy satisfecho con mi situación actual. He alcanzado la paz interior con mi vida y con mi salud».

Nos sentimos agradablemente impresionados cuando alguien nos responde que está satisfecho. No tiene necesidad de exponer sus grandes gestas. No tiene que explicar su vida en un tono superlativo, sino que simplemente está satisfecho con la situación tal como es. Como Robert Lewandowski, al que, después de un partido contra el Wolfsburgo en el que marcó cinco goles en media hora, le preguntaron en la rueda de prensa cómo se sentía y contestó con sencillez: «Estoy muy satisfecho». Esa fue una respuesta simpática. No intentó destacar con sus goles ni situarse en el foco de atención. Simplemente dijo: «Estoy muy satisfecho».

Cuando en una conversación alguien nos dice que está satisfecho, nos da pie para hablar de una manera abierta y sincera sobre las cosas tal como son. La mención de la satisfacción nos adentra en una conversación sincera. En ella nadie tiene que exponer sus grandes logros. En la conversación es posible que nos enteremos de que no todo es maravilloso y de que existen problemas de salud o conflictos familiares, pero la persona con la que estamos hablando no se queja de ello. Simplemente lo asume. La vida es así. Pero, a pesar de todo, está satisfecha. La mención de la satisfacción nos permite mantener una conversación agradable.

Pero también conocemos una satisfacción saciada que nos parece más bien incómoda. Se trata de alguien satisfecho con su casa y con su empleo, pero que no se interesa por nada más. No le importan los problemas del mundo. Todo eso no va con él. Es una satisfacción pequeña, que se obtiene olvidándose del mundo y limitándose a una vida pequeñoburguesa. Se trata de la satisfacción de poder comprar en el supermercado todo lo que necesitamos y todo lo que queremos tener.

En este libro me gustaría reflexionar sobre estos dos aspectos: sobre la satisfacción positiva y sobre la satisfacción saciada. Y me gustaría preguntarme sobre las causas de estos comportamientos y por las condiciones previas necesarias para lograr una satisfacción buena, a fin de que quede claro que esta guarda una relación muy estrecha con otros comportamientos. En cierto sentido, la satisfacción está unida a la felicidad. Nos sentimos felices cuando estamos satisfechos, cuando nos encontramos en consonancia con nosotros mismos y con nuestra vida. Otro comportamiento es la modestia. Quien es modesto también está satisfecho con su vida. No alberga aspiraciones descabelladas. La modestia también guarda relación con la sencillez. El modesto está satisfecho con una vida sencilla. Y la satisfacción está muy cerca del comportamiento agradecido. Quien está agradecido por lo que Dios le ha dado, quien está agradecido por el día de hoy, también está satisfecho con su vida.

Cuando busqué en la biblioteca sobre el tema de la satisfacción para la redacción de este libro, solo pude localizar un libro en cuyo título aparecía la palabra «satisfacción»: *Ein Büchlein von der Zufriedenheit* [Un librito sobre la satisfacción], escrito en el año 1925 por el padre capuchino P. Heinrich Godefried. Su lenguaje nos suena extraño en la actualidad. Señala tres caminos hacia la satisfacción: la satisfacción con Dios, con el prójimo y con uno mismo. Con toda seguridad se trata de un buen camino para reflexionar sobre el tema de la satisfacción. Pero a mí me gustaría recorrer otros senderos. Me gustaría pisar diferentes campos de la satisfacción.

En el campo más amplio alrededor del tema, tropecé con una serie de libros sobre la sencillez. Sin lugar a dudas, este concepto también pertenece al tema: vivir con sencillez, para estar satisfecho con lo que se me ofrece, dejando de ansiar cada vez más, con toda seguridad es un buen camino hacia la felicidad, que podemos encontrar en las pequeñas cosas.

En la historia de la cultura occidental existen movimientos reiterados que buscan la sencillez. Rousseau es uno de los representantes más importantes de la llamada vida sencilla. Pero Platón ya describió la vida de los vigilantes de la ciudad como una vida sencilla. Se trata de la condición previa para que los vigilantes de la ciudad no exploten a los demás, sino que vigilen realmente. Oímos hablar una y otra vez de pueblos que, al no estar inmersos en la cultura occidental, están más satisfechos que las personas de los países civilizados de Europa.

La palabra [alemana] *Zu-friedenheit* indica realmente un movimiento. Porque el prefijo *zu-* señala un movimiento consciente hacia una meta. Por eso *Zufriedenheit* [satisfacción] también significa: conseguir la paz [*frieden*]. La paz no es una propiedad de cada persona. Se trata más bien de un deber continuado de lograr la paz, desde la ausencia de paz hacia la paz, de encontrar el camino desde la insatisfacción hacia la satisfacción. Pero el prefijo *zu-* también puede indicar una situación de tranquilidad. Así decimos de alguien que está *zu Hause* [en casa]. Por eso la satisfacción [*Zufriedenheit*] también puede indicar una situación de tranquilidad y de paz interior. Esta tensión entre la situación interna de paz y el camino activo hacia la paz está presente asimismo en expresiones como *jemanden zufriedenlassen* [dejar a alguien tranquilo] o *zufriedenstellen* [contentar]. Lo dejamos con su paz interior. Le dejamos su tranquilidad. Pero cuando dejamos a alguien contento, le estamos proporcionando activamente una situación en la que puede sentirse satisfecho. Por eso me gustaría describir ambas situaciones: la circunstancia y el comportamiento de la satisfacción y su efecto en nosotros, así como las sendas que podemos recorrer para lograr la satisfacción.

1. La paz interior como condición previa para la satisfacción

La palabra [alemana] *Zufriedenheit* [satisfacción] comparte raíz con la palabra *Frieden* [paz], que pertenece a la familia léxica de *frei* [libre] y procede de la raíz léxica indogermánica *prai*, que significa «proteger, cuidar, estimar, amar». Libre es la persona a la que cuidan, el amigo al que se estima, al que se ama. En consecuencia, la paz representa el espacio protegido en el que las personas libres se relacionan como amigas y se interrelacionan con buena voluntad. Por eso, en la lengua alemana, no hay paz [*Frieden*] sin amor. Solo cuando nos amamos podemos vivir en paz.

Esto también es así para la paz interior. Estamos en paz con nosotros mismos cuando nos cuidamos, en lugar de evaluarnos y juzgarnos de forma constante. Y logramos la paz con nosotros mismos cuando nos relacionamos amistosamente y con buena voluntad con nosotros mismos y nos sentimos libres. Mientras nos dejemos dominar por nuestras necesidades, mientras nos enfademos con nosotros mismos y con nuestras debilidades, no podremos encontrar la paz interior. La paz significa –si tomamos en serio el significado alemán– que todo puede ocurrir en el espacio protegido de nuestra alma y de nuestro cuerpo. Todo nos pertenece. Pero no nos domina. Todo lo que dejamos estar en nuestro interior nos facilita una vida en libertad. No nos encontramos bajo la presión de obligarnos a ser de una manera determinada. Contemplamos con libertad todo lo que hay en nosotros. Y lo cuidamos y protegemos, no lo juzgamos.

Este significado de la palabra paz [*Frieden*] no está muy lejos de la senda hacia la paz interior, hacia la paz del espíritu. La paz del espíritu es un concepto religioso. Significa que la persona ha encontrado la paz interior. Esta paz del espíritu significa que estamos en consonancia con nuestra alma, que nos relacionamos amistosamente con los sentimientos de nuestro espíritu, que pueden ser de todo tipo. No luchamos contra ellos, sino que los mantenemos todos en el espacio protegido de nuestro ámbito pacificado. Los alemanes consideran que la paz [*Frieden*] y la libertad [*Freiheit*] solo son posibles en un espacio protegido, pacificado [*be-friedeten*].

Los místicos cristianos han retomado esta idea. Creen que en el fondo de nuestra alma se encuentra un espacio protegido y pacificado. Allí todo está permitido. Allí somos libres ante todas las emociones, ante todo lo que se mueve en nuestro espíritu. Porque en ese espacio interior de la libertad reina Dios. En consecuencia, somos libres del dominio de nuestros padecimientos y de nuestras necesidades, y del dominio de las expectativas de otras personas.

La palabra griega para paz, *eirene*, procede del ámbito de la música y significa «armonía», la consonancia de los diferentes tonos. También se trata de una imagen hermosa para la paz interior: cuando armonizamos los tonos fuertes y los silenciosos, los agudos y los graves, los desafinados y los hermosos, entonces estamos en consonancia con nosotros mismos. Y cuando estamos en armonía con nosotros mismos, también llegamos a estar en consonancia con otras personas. Entonces podemos estar en paz con los demás. Cuando dejamos que todos los tonos se armonicen en nuestro interior, estamos en paz con nosotros mismos, con el sonido interno. No se trata de que sea un sonido perfecto, sino uno que provoca que todo resuene en nuestro interior para que se pueda armonizar. Pero el concepto *eirene* tiene más significados en griego: sirve para designar a una de las tres Horas, las diosas que marcan las horas de nuestra vida. En el trasfondo también se halla la imagen de que la paz en nuestro interior solo es posible con la ayuda divina. Debemos confiar en que Dios podrá armonizar todo lo que se encuentra en nuestro interior y que con frecuencia nosotros no conseguimos unir. Le pedimos a Dios que, como si fuera un director de orquesta, haga sonar en consonancia todos los tonos de nuestro interior, de manera que se emita una sonoridad armoniosa para todos los que están escuchando.

La palabra latina para paz es *pax*. Deriva de *pascisci*, que significa «llegar a un acuerdo, hablar entre nosotros». Los romanos también estaban convencidos de que la paz siempre se consigue a través de la conversación entre las partes del conflicto. En consecuencia, al final de las negociaciones de paz se encuentra un tratado de paz. Esto también lo podemos comprender como imagen interior: hablamos con todas las emociones y con todas las pasiones que aparecen en nosotros, con todas las voces que se comunican a través de la palabra. Les dejamos el espacio que necesitan y tomamos en serio sus necesidades. Pero también permitimos que hablen entre ellas para que puedan acordar un tratado de paz. Así, esta paz, que es el resultado del diálogo, resulta vinculante para todos. Cuando aplicamos la idea latina de la paz a la paz interior, significa que converso con las diversas necesidades en mi interior, con mis emociones y mis pasiones, con todo lo que aparece dentro de mí. Y hablo con los que considero que son mis enemigos interiores, es decir, con las partes dentro de mí que me gustaría ocultar, que no me resultan agradables.

Jesús explicó esta situación en una hermosa parábola: «¿O qué rey, al marchar a la guerra contra otro rey, no se sienta primero y considera si puede hacer frente con diez mil al que viene contra él con veinte mil? Y si no puede, cuando el otro está todavía lejos, le envía una embajada y le pide condiciones de paz» (Lucas 14, 31-32). Esta comparación la podemos aplicar a nuestra situación interior: con frecuencia luchamos contra nuestros errores y debilidades. Nos gustaría borrarlos. Nos molestan, ponen en cuestión la imagen que nos hemos labrado de nosotros mismos. Nos gustaría estar llenos de confianza, nos gustaría reaccionar de una manera menos quisquillosa ante algunas críticas, tener más autodisciplina.

Nos enfadamos cuando comemos o bebemos demasiado, cuando hablamos demasiado sobre los demás. Entonces nos proponemos superar estas debilidades. Pero con frecuencia se trata de una batalla perdida. Tenemos la imagen profundamente arraigada de que en gran parte estamos libres de defectos. Pero la lucha por esta ausencia de debilidades nos conduce a no estar en paz con nosotros mismos, porque sentimos que los defectos no se dejan erradicar con facilidad.

Conozco a muchas personas que no están satisfechas consigo mismas porque no encajan en la imagen que se han hecho de ellas mismas. Consideran que pueden superar todas sus debilidades a través de la disciplina y la espiritualidad. Pero se trata de una batalla perdida. Para seguir con la imagen de Jesús: sienten que los defectos tienen a su disposición veinte mil soldados, mientras que ellas solo pueden llamar a diez mil hombres al combate, pero no quieren aceptar que en la lucha contra su lado oscuro, contra sus debilidades, están en desventaja.

Cuando entré en el monasterio, creía que con «mis diez mil soldados» podría superar una y otra vez todas mis debilidades aplicando toda mi fuerza de voluntad, toda mi ambición, toda mi disciplina. Pero al cabo de solo dos años me di con fuerza de bruces contra la pared. Sentí que nunca iba a ser el señor de mis debilidades.

Tengo que reconciliarme con ellas. Solo de esta manera puedo tener paz en mi interior. Solo en ese momento mis debilidades dejan de luchar contra mí. Están ahí, sin conseguir ningún poder sobre mí. Las dejo tranquilas, las conozco. Pero no me dominan. Cuando no pretendo dominarlas, ellas también dejan de combatirme para poderme dominar. El resultado es un tratado de paz que me hace bien y me libera de la lucha permanente contra mí mismo. Si me mantengo en la imagen de la comparación, entonces puedo decir: cuando acuerdo la paz con mis enemigos interiores, tengo a mi disposición treinta mil soldados en lugar de diez mil. Mis fuerzas y capacidades aumentan. Y la tierra en la que vivo se agranda. Mi corazón se ensancha y también mi mirada se vuelve más amplia y más larga.

El camino que señala Jesús en esta parábola significa que hablo con mi lado oscuro, con mis defectos y debilidades. Mantengo una relación amistosa con ellos y les pregunto qué es lo que me quieren decir. Evidentemente, no debo dejar que mis debilidades me dominen. Eso iría en contra de mi dignidad interior. Pero iniciar un diálogo con mi lado más desagradable me conduce hacia la humildad. Mis defectos y debilidades me dirán: «Siéntete satisfecho contigo mismo tal como eres. Despídete de tus ilusiones de que eres una persona perfecta, un Cristo perfecto. Eres un hombre con fortalezas y debilidades, con un lado agradable, que te gusta mostrar a los demás, y con otro desagradable, que te gustaría ocultar. Dios conoce todos tus lados, los claros y los oscuros, los hermosos y los menos bonitos. Pero Dios te acepta tal como eres. Por eso reconcíliate contigo mismo y con todo lo que hay en tu interior».

Para algunos estas palabras pueden sonar a resignación, a algo así como «Me tengo que aceptar tal como soy. No puedo cambiar. No puedo avanzar interiormente». Pero ese no es el significado. Cuando entablo un diálogo como mis lados oscuros, puedo conocer que en las debilidades siempre se oculta una fortaleza. Y sabré que mis lados oscuros se pueden convertir en un amigo. Ese es el sentido de la conversación con el enemigo, para que se convierta en un aliado o incluso en un amigo. Para el psicoterapeuta suizo C.G. Jung los lados oscuros son siempre una fuente de energía vital. Si aplasto los lados oscuros, lucharán contra mí y desarrollarán en mi alma una energía destructiva. Pero si me reconcilio con ellos, entonces se convierten en un dispensador de vida. No se trata de resignarse con las debilidades propias, sino más bien que la condición previa de una transformación interior consiste en que me reconcilie con mis debilidades. Entonces estas pierden su poder y tendré la capacidad para crecer cada vez más en la personalidad que Dios me ha otorgado.

Cuando alguien ha encontrado su paz interior o se preocupa por lograr esta paz, le resulta mucho más fácil estar satisfecho con su vida. Porque no se plantea tantas exigencias. La insatisfacción con las cosas exteriores con frecuencia no es más que una expresión de que las personas no estás satisfechas consigo mismas, y entonces critican las circunstancias de la vida: la vivienda, que no se ajusta a sus deseos; el entorno de su casa, donde les molesta el ruido; las condiciones de trabajo en su empresa… Todo lo externo se convierte en una razón para la insatisfacción. Evidentemente, existen condiciones exteriores que pueden robar la paz interior. En ese caso, se tienen que intentar cambiarlas. Pero a quien está en paz consigo mismo le resulta mucho más fácil estar satisfecho con lo que le rodea. Entonces no hay nada que pueda molestar su paz interior.

2. La satisfacción como gratitud, modestia y sencillez

Los sabios de todas las religiones y culturas dicen que nos deberíamos sentir satisfechos con poco. En eso consiste el arte de vivir. Pero no se trata de una actitud de resignación. No estoy satisfecho con poco porque no confío en tener éxito o en ganar lo suficiente para permitirme ciertas cosas. Se trata más bien de sentirse satisfecho porque no se necesita demasiado. La satisfacción es también un indicador de la libertad interior. Estoy satisfecho con el agua que bebo, con el pan que como. Pero en realidad solo lo estaré si disfruto realmente del agua cuando la bebo con atención y siento como calma mi sed, cuando siento la felicidad que proporciona beber agua fresca y clara. Y solo estaré satisfecho con el pan cuando lo saboree y disfrute de su sabor.

A la satisfacción hay que añadirle algo más: experimento tanto el agua como el pan como un regalo de Dios. No se trata solo de tenerlo a tu disposición. Lo vivo como una dádiva que me regala Dios. Dios me quiere bien. Por eso la satisfacción siempre va unida a la gratitud. La persona ingrata nunca está satisfecha. Siempre quiere más. El filósofo romano Cicerón ve en la ingratitud un obstáculo contra la *humanitas*, contra la humanidad. Quien se considera como persona, como criatura de Dios, también está agradecido por lo que Dios le da.

La condición previa para la gratitud es que me detenga y perciba en toda su intensidad lo que se me regala en ese instante. Con frecuencia desaprovechamos la oportunidad de ser agradecidos. Pero cuando me detengo y percibo lo que se me regala, se desencadena una espiral de gratitud. Entonces descubro de repente muchas oportunidades para hacerlo. El hermano David Steindl-Rast, que ha situado la gratitud en el centro de su espiritualidad, considera la gratitud en tres pasos: «*Stop! Look! Go!* Estos son los tres pasos de la gratitud. *Detente*, porque si no lo haces pasarás de largo de la oportunidad que se te ofrece aquí y ahora. *Mira con atención*, para que veas la oportunidad. Y –con la misma importancia de los otros dos– *haz algo*, agarra al vuelo la oportunidad» (Steindl-Rast, 11).* Bajo el concepto de «hacer» David Steindl-Rast no considera grandes obras. El verdadero hacer de la gratitud consiste en «hacer algo con una oportunidad. Utilizarla para servir a la vida» (Steindl-Rast, 34). No puedo estar agradecido por la palabra hiriente que he oído. Pero puedo estar agradecido por la oportunidad para aprender a reaccionar con tranquilidad y paciencia ante las palabras hirientes.

---

*   Los números de página de las referencias bibliográficas corresponden a las ediciones alemanas que el lector encontrará en la bibliografía final.

En su libro sobre la gratitud, David Steindl-Rast cita unas palabras de Omraam Mikhael Aivanhov: «El día que decimos conscientemente "gracias" hemos conseguido los polvos mágicos que pueden transformarlo todo» (Steindl-Rast, 13). La persona agradecida reconoce en cada instante el regalo que le ofrece Dios: la sonrisa de una persona, un buen encuentro, una conversación agradable, el florecimiento de una rosa, los colores luminosos de las hojas otoñales en los árboles, el sol que brilla, la posibilidad de hacer algo en el día de hoy para ayudar a otras personas, para ayudar a levantarse a los demás.

Se trata de practicar la gratitud. Se trata de practicar una y otra vez el hecho de detenernos y captar conscientemente lo que este instante me está diciendo y a continuación reaccionar con agradecimiento. Si incorporo la gratitud, esta transformará mi vida. Porque entonces podré decir: «No estoy agradecido porque soy feliz, sino que soy feliz porque estoy agradecido». La gratitud también transforma la tristeza y el abatimiento. Albert Schweitzer dijo una vez que precisamente cuando no nos va tan bien debemos buscar algo por lo que podamos estar agradecidos. ¡Y siempre hay algo! Puedo estar agradecido por este nuevo día, que me ofrece la oportunidad de levantarme, encontrarme con otras personas y hacer un amigo de un extraño.

La lengua alemana reconoce la vinculación de las palabras *danken* [dar las gracias/agradecer] y *denken* [pensar/reflexionar]. La primera procede de la segunda, porque quien piensa de manera correcta también es agradecido. La persona ingrata no reflexiona de manera correcta sobre su vida. Los pensamientos de las personas ingratas no proceden de una reflexión consciente. Solo piensa de manera correcta quien piensa con gratitud. Quien piensa correctamente, quien reflexiona sobre cualquier encuentro con el espíritu despierto, se sentirá lleno de un sentimiento de gratitud. Solo los pensamientos agradecidos nos resultan adecuados. Pensar en algo con ingratitud hace que las cosas aparezcan bajo una luz errónea. Dietrich Bonhoeffer lo expresó de la siguiente forma: «Sin la gratitud, mi pasado se hunde en la oscuridad, en el misterio, en la nada» (Steindl-Rast, 59). Esto quiere decir que solo cuando estamos agradecidos por los pensamientos pasados podremos conocer el sentido del pasado. Sin la gratitud, todo se vuelve incomprensible y misterioso. La gratitud nos abre el pasado. Y entonces el pasado nos pertenece. Se convierte en parte de nosotros. Hermann Hesse dijo una vez que lo más hermoso de la edad era leer con gratitud en el libro de los recuerdos de la vida. Cuando lo leo con gratitud, puedo conocer el sentido de mi vida. Y me siento lleno de paz interior.

La gratitud no significa que tenga que dar continuamente las gracias. Los niños expresan su gratitud cuando se alegran por un regalo. Las acciones alegres son una expresión de la gratitud. Así lo considera también Karl Barth cuando escribe: «La alegría es la forma más sencilla de la gratitud» (Steindl-Rast, 99). La alegría y la gratitud se refuerzan entre ellas. La alegría es expresión de mi gratitud. Y lo mismo vale al revés: la gratitud es la llave para alcanzar la alegría: «En el instante en que somos agradecidos, volvemos a encontrar el camino hacia la alegría, que siempre está en nuestro interior» (Steindl-Rast, 100). Quien afronta el día con gratitud y con alegría interior contagiará con esta actitud a las personas de su entorno. La gratitud no solo transforma el día, sino también la vida de aquellos con los que nos encontramos con esta actitud. La gratitud nos une a las personas con las que nos relacionamos. David Steindl-Rast considera que la gratitud nos une a todas las personas, también con las de otras religiones: «No existe ninguna persona en el mundo y ninguna sociedad, que no sepa honrar la gratitud. En todas partes se considera que el agradecido es una persona sabia, una buena persona. En todo el mundo se honra la gratitud» (Steindl-Rast, 140). Quien se siente unido a las demás personas, quien siente que «forma parte», está satisfecho con su vida. Por eso la gratitud y la satisfacción están estrechamente relacionadas.

La satisfacción también se muestra en la modestia. Existen personas para las que nada es suficiente. No pueden comer o beber lo suficiente, y nunca se sienten satisfechas como invitadas. La persona satisfecha, en cambio, disfruta de la velada cuando la invitan, pero regresa a su casa cuando mejor se lo está pasando. Intuye cuando es suficiente para el anfitrión y para los otros invitados. Existe un tiempo que es bueno para todos, que todos pueden disfrutar, pero cuando los invitados nunca tienen bastante y siguen sentados en sus asientos, aunque el anfitrión preferiría recoger e irse a la cama, entonces todos dejan de disfrutar del hecho de estar juntos, pero no pueden irse. Entonces la continuación de la reunión se convierte en una tortura. El anfitrión pone buena cara ante la mala situación, aunque se alegraría de que se fueran todos. También la alegría tiene sus límites. Las personas modestas perciben estos límites.

Las palabras alemanas *genug* [suficiente] y *genügsam* [modesto/frugal/moderado] comparten el significado de «conseguir o alcanzar algo». Quien es modesto, quien se contenta con poco, también se divierte, también encuentra en ello su diversión. Quien no se puede divertir es el que nunca tiene suficiente. Aparentemente, la diversión tiene que ver con el «hecho de ser modesto». Me divierto cuando considero que es suficiente lo que estoy viviendo en este momento. Quien no se puede divertir nunca estará satisfecho.

Modesto es quien se siente satisfecho con poco. No plantea grandes expectativas. Está satisfecho si lo invitan a comer. Está satisfecho con su asiento en el autobús o en el tranvía. No se plantea grandes expectativas sobre las comodidades de la vida. Corresponde a la sabiduría, sobre todo a la filosofía estoica, que el sabio se siente satisfecho con poco. Los filósofos estoicos alaban la vida sencilla, el estilo de vida sencillo. En la actualidad se trata de una visión asumida por muchas personas que viven de manera consciente. No se trata de ninguna señal de pobreza o de creatividad. En gran medida, su vida sencilla tiene una calidad propia. Su sencillez sin ambiciones conduce a la satisfacción y a una belleza y una claridad en su vida. De esta vida sencilla dice Juan Pablo: «Se pueden tener los días más bienaventurados sin necesitar nada más que el cielo azul y la tierra verde de la primavera». Para Juan Pablo, la sencillez tiene que ver con la dicha. Para quien puede disfrutar del cielo azul y de la tierra verde de la primavera, el estilo de vida sencillo es la senda hacia la verdadera felicidad.

Lao Tse, el gran sabio chino, tiene presente el estilo de vida sencillo como ausencia de grandes expectativas y modestia, cuando escribe: «Cuando reconoces que no te falta nada, te pertenece todo el mundo». Cuando tengo suficiente con lo que me ha regalado Dios en mi vida y en mi alma, con las personas con las que vivo y con las cosas que poseo, entonces me pertenece todo el mundo. Estoy en consonancia con el mundo, y así también soy uno con él. Y cuando soy uno con el mundo, entonces el mundo me pertenece. Me siento parte del mundo. Pero también me pertenece. En el instante en el que paseo conscientemente por el bosque y huelo el aroma de los árboles, soy uno con todo el mundo y, en última instancia, soy uno con el Creador de Todo. Y en ese instante tengo la sensación de que todo me pertenece. También todo está puesto para mí, entregado por Dios, que me ha creado y me ha llenado con su espíritu.

El miedo a no tener suficiente está muy presente en la actualidad. Unos piensan que no tienen suficiente dinero para poder ir de vacaciones, o que el dinero no es suficiente para asegurar la atención durante la vejez. Otros creen que su vivienda no es lo suficientemente grande para vivir con comodidad en ella, o que su coche no es lo suficientemente seguro. Sobre todo existen dos causas para la sensación de no tener suficiente. La primera es el miedo a que nuestros medios no sean suficientes para asegurarnos el futuro. El otro, el miedo que no seamos lo suficientemente buenos a ojos de los demás.

El miedo a que el dinero no sea suficiente con frecuencia va unido al miedo de no ser lo suficientemente bueno. Muchos aprendieron en su infancia que no estaban a la altura de las expectativas de sus padres. La sensación de no ser lo suficientemente bueno les marca durante toda la vida. No son lo suficientemente buenos como madre, como padre o en su profesión. No son capaces de argumentar con suficiente habilidad cuando hablan con los demás. Conozco a un psicólogo que imparte cursos con gran éxito. Pero después de cada curso tiene la sensación de que no es lo suficientemente bueno. El curso no ha sido lo suficientemente bueno. Podría haber sido mejor. Este sensación de no ser lo suficientemente bueno nos deja una sentimiento constante de insatisfacción. No nos podemos alegrar de las cosas que hacemos, porque en realidad lo debimos hacer mejor. En psicología se dice: tenemos en nuestro interior un niño que no es lo suficiente. Este niño que no es lo suficiente se manifiesta una y otra vez a la primera ocasión. Tenemos la sensación de que no soy lo suficientemente buena como madre, no soy suficientemente bueno como padre. En mi trabajo no hago lo suficiente o no estoy suficientemente cualificado. Estaría bien coger en brazos a este niño que no es lo suficiente y se manifiesta a la primera ocasión. Cuando abrazo en mi interior a este niño que no es lo suficiente y le digo: «Para mí eres suficientemente bueno. Está bien como eres», poco a poco se extenderá el silencio dentro de mí. Y se retirará en mi interior el niño satisfecho.

La segunda causa de la sensación de no ser lo suficientemente bueno son las comparaciones. Mientras me siga comparando con los demás, siempre tendré la sensación de que no tengo lo suficiente y que no soy lo suficientemente bueno. Siempre habrá personas que hablarán mejor que yo, que tendrán más dinero que yo, que conseguirán más éxitos e influencias que yo. Mientras me siga comparando con los otros, nunca estaré satisfecho con lo que soy y con lo que tengo. Sören Kierkegaard considera: «Las comparaciones son el final de la felicidad y el inicio de la insatisfacción». Por otro lado, un proverbio chino afirma que la comparación con personas que son más débiles que yo también puede conducir a la satisfacción: «Compárate con los mejores y te sentirás insatisfecho. Compárate con los peores y tendrá más que suficiente». Pero para mí es mejor no hacer ninguna comparación en absoluto.

Una mujer me explicó que le gustaba reunirse con un grupo de amigas. Pero al mismo tiempo las conversaciones que tenían lugar muchas veces se convertían en una carga, porque se comparaba continuamente con ellas, y tenía la impresión de que las otras, que todas ellas habían acabado el bachillerato, sabían hablar mejor que ella. En consecuencia, no se atrevía a decir nada. Siempre le parecía que lo que le gustaría decir era demasiado banal en comparación con lo que decían las demás. Una amiga le sugirió que debía pensar que, aunque las otras supieran hablar mejor, ella era mejor cocinera. Pero en ese caso permanecía inmersa en las comparaciones. Sería mucho más útil que simplemente se sintiera tal como es y dejará de compararse. Pero esto no es tan fácil. Tanto si queremos como si no, inconscientemente nos comparamos de manera continua con los demás. Pero en cuanto nos damos cuenta, deberíamos sentirnos tal como somos. Podría ser de ayuda colocar las manos sobre la barriga, recogernos en nuestro interior y decirnos: «Yo soy yo y el otro es como es. Me siento. Y está bien ser como soy. No vale la pena compararme. Yo vivo mi vida. Me preocupo de poder vivir bien mi vida. Si lo hago así, estaré satisfecho conmigo mismo y con mi vida».

El filósofo griego Epicuro de Samos pronunció unas palabras sabias sobre el tema de la modestia: «Al que lo suficiente le parece demasiado poco, nada le será suficiente». Existen personas para las que «suficiente» siempre es «demasiado poco». La música que escucharon en el concierto no fue suficientemente buena. La comida no era suficientemente buena. La salud podría ser mejor. Aquel que siente que nunca nada es suficiente siempre estará insatisfecho. Por eso, el arte de vivir consiste en contentarse con lo que hay y disfrutar con gratitud lo que Dios me ofrece suficientemente en belleza que puedo contemplar, en alimentos que puedo disfrutar y en personas que me muestran su amistad.

La palabra *modestia* también la relacionamos con la palabra *realización*. Nos sentimos realizados cuando algo nos sale bien o cuando nuestro trabajo nos proporciona una alegría. Peter Rosegger dijo una vez: «Quien no se siente realizado en el trabajo nunca alcanzará la satisfacción». El trabajo es un lugar importante en el que nos podemos sentir realizados. Pero aquel para quien el trabajo solo es una carga, aquel que lo vive como una obligación, tampoco estará satisfecho con su vida. Por el contrario, a quien le gusta trabajar, quien encuentra en el trabajo la alegría, experimentará en su vida esa realización que le hará sentir la satisfacción en todo lo que haga.

El tema de la modestia y la sencillez ha adquirido una nueva actualidad en las últimas décadas. Reimer Gronemeyer ha escrito un libro sobre ello: *Die neue Lust an der Askese*. [El nuevo interés por el ascetismo]. En él cita al sociólogo Arnold Gehlen, que ve en el ascetismo la vía de salida de la crisis de nuestra época. «En la práctica significará que en principio uno se tendrá que excluir como mínimo de lo que Bergson llamó la competición general en busca de la buena vida» (Gronemeyer, 22 y ss.). Gronemeyer habla del diseñador de moda de gran éxito Karl Lagerfeld, que quiere construir un monasterio en un bosque para vivir allí con sus colaboradores: «Intuyo que el desarrollo del año 2000 tendrá que ver con la disciplina de vida en un monasterio medieval, pero sin ninguna connotación católica» (Gronemeyer, 15). Aparentemente, Lagerfeld siente el ansia de una vida sencilla, en la que pueda estar satisfecho con poco. Todo el esplendor exterior queda apartado. Y se tendrá que enfrentar a sí mismo. Esta sencillez tendrá que llegar «sin ninguna connotación católica», con lo que se quiere decir que esta sencillez estará libre de un ascetismo más duro. En gran medida deberá respirar una connotación de libertad y amplitud.

Herrad Schenk ha publicado el libro *Vom einfachen Leben. Glückssuche zwischen Überfluss und Askese*, [De la vida sencilla. La búsqueda de la felicidad entre la abundancia y el ascetismo], en el que ha reunido muchos textos de diferentes culturas sobre el tema de la sencillez. Además, describe las diferentes facetas de la vida sencilla. En algunas épocas de la historia universal, la vida sencilla fue la cultura de comunidades cerradas, no solo los monasterios, sino también estados enteros como Esparta y la antigua Prusia. Con frecuencia, la vida sencilla fue una respuesta a la civilización, que se alejaba cada vez más de la naturaleza. Entonces la vida sencilla es una vida con la naturaleza, una vida natural y original. Con frecuencia, la vida sencilla es una protesta contra el capitalismo, que está maldito por la filosofía del «siempre más», y una señal contra el agotamiento de los recursos. El ansia de encontrar una vida sencilla también surge a menudo del aumento de las exigencias por la complejidad creciente de la vida. Ante el mundo de la información total, nos gustaría bajar de la rueda de hámster de estar siempre informados sobre todo. Nos gustaría volver a vivir con sencillez, donde uno vive consigo mismo, en lugar de inundado de una información continuada y sintiéndose cada vez más extraño.

A veces esta ansia por una vida sencilla también es muy romántica. Y es la señal típica de las clases más acomodadas. Porque quien vive realmente en la pobreza no enaltece la sencillez. La vida bajo el lema: «Regreso a la naturaleza» y el tren hacia la vida sencilla siempre vuelven como una ola, primero en el Romanticismo, después en el movimiento juvenil tras la Primera Guerra Mundial y en el movimiento hippy de la década de los 1970. Aparentemente, las personas sienten ansia de vivir con sencillez y de sentirse satisfechas con poco. En la actualidad, también existen casos de individuos que viven al día, que renuncian a muchas cosas, para conseguir por sendas nuevas la satisfacción interior. Hasta qué punto es romanticismo o en realidad esta forma de vida conduce hacia la paz interior se tiene que valorar en cada caso individual. A veces estas personas viven en realidad de la buena voluntad de la sociedad y no la vida sencilla a la que se ven obligados muchos pobres en la actualidad.

Uno de los casos más famosos fue Henry David Thoureau, que en 1845 construyó una cabaña en los bosques de Massachusetts para vivir allí de manera sencilla y autárquica. Para justificar su alejamiento escribió: «Emigré al bosque porque tenía el deseo de vivir de manera reflexiva, de acercarme a la vida real y verdadera, para ver si conseguía aprender lo que había para aprender, para que cuando apareciera la muerte no tuviera que reconocer que no había vivido» (Schenk, 263). En consecuencia, la meta no era necesariamente la vida sencilla; lo que buscaba era experimentar el secreto de la vida verdadera a través de la vida sencilla: «Quería vivir con hondura, expresar todas las marcas de la vida, vivir de una manera tan dura y espartana que todo lo que no fuera vida quedara eliminado» (Schenk, 264). Así, en la descripción de la vida en la cabaña del bosque, siempre se expresa una y otra vez la exigencia:

«¡Simplifica, simplifica!». Esta ansia hace que en la actualidad algunas personas también se sientan impulsadas a abandonar el consumismo y vivir con la mayor sencillez posible. Quieren una vida verdadera, una vida satisfecha. La satisfacción no puede depender de cosas externas, sino que debe surgir de un corazón libre de la presión de tener que consumir todo lo que sea posible.

3. Satisfacción y exigencias

En la actualidad veo en muchas personas una exageración de la exigencia de ciertos derechos: tengo derecho a mi salud, tengo derecho a una habitación tranquila en el hotel; los niños atentan contra mi derecho a la tranquilidad. En la actualidad, estas exigencias se establecen con frecuencia a través de las leyes. Así, un hombre obtuvo el reconocimiento legal de su exigencia de que en el hotel en el que pernoctaba no se pudiera alojar ninguna persona con discapacidad. Creía que también tenía el derecho a un entorno esterilizado. Todo lo que resulta desagradable, lo que molesta a la sensación de vivir, no puede existir. Por eso una exigencia exagerada de los derechos conduce a una atmósfera agresiva en la sociedad. Y nos lleva a que todos los que no ven satisfechas sus exigencias se sientan como víctimas: tengo derecho a tener solo personas sanas a mi alrededor, por eso soy una víctima cuando veo a personas con discapacidades cerca de mí. Este tipo de exigencias de derechos surge de un egoísmo sin límites. Perturba la convivencia y provoca que se intenten imponer algunas exigencias sin ningún tipo de contemplaciones. Estas personas nunca están satisfechas ni son felices. Por el contrario, se esconden detrás de sus exigencias para tener una razón para su insatisfacción. No pueden reconocer que están insatisfechos por ellas mismas. Por eso buscan las causas en su entorno. Esperan que ese entorno les proporcione la paz. Pero si no están satisfechas consigo mismas, no van a encontrar la paz con el cumplimiento de todas sus exigencias.

La exageración de estas exigencias es en la actualidad una razón determinante de la extendida insatisfacción de muchos: están insatisfechos con el Estado, porque no satisface sus exigencias en relación con la revalorización de los salarios y con un puesto de trabajo seguro. Están insatisfechos con la empresa en la que trabajan, porque no se valora el rendimiento y la dedicación. Una madre opina que todo el sistema educativo no es lo suficientemente bueno para su hijo. En él no se puede realizar. Pero en realidad esta acusación solo quiere ocultar que su hijo ha abandonado ya dos veces los estudios. Tenía la exigencia de que los estudios debían ser divertidos. Cualquier esfuerzo que hayan planteado los estudios actuales o en cualquier época se opone a la exigencia de un aprendizaje cómodo y divertido, o a una vida estudiantil sin preocupaciones. Entonces nos quejamos de nuestra sociedad del rendimiento. En muchos aspectos es muy criticable, porque sitúa el valor de las personas solo en su rendimiento. Pero no se puede utilizar esta crítica para fundamentar una negativa a realizar cualquier esfuerzo en la vida. Benito juzgaba a los monjes jóvenes no por su rendimiento, sino por si buscaban realmente a Dios. Esto no se demuestra solo en el celo en los servicios religiosos, sino también en la capacidad para participar en la comunidad y en la disposición a dejarse dirigir en el trabajo. La disposición a entregarse al trabajo es una señal de libertad interior y un signo de que estoy dispuesto a entregarme a Dios. Que la persona se entregue al trabajo, que se sienta integrada cuando trabaje, en la actualidad es para los psicólogos un criterio para una vida feliz, un criterio de la satisfacción de una persona. Quien solo se preocupa por sí mismo y por sus necesidades no está satisfecho. Pero ve las causas de su insatisfacción no en sí mismo, sino en las circunstancias externas. Sería de mucha más ayuda que estas personas fueran conscientes de su propia insatisfacción y se preguntasen cuál es la causa más profunda de la misma.

Con frecuencia, la verdadera razón de la insatisfacción son esas exigencias que ponen demasiadas expectativas en el destino, en la vida que queremos llevar. Wilhelm von Humboldt señala: «La mayoría de las personas se sienten insatisfechas con su destino a causa de unas expectativas exageradas». Pretenden encontrarse siempre en el lado soleado de la vida. Siempre deben tener éxito. El destino siempre debe ser bueno con ellas. Deberán quedar libres de enfermedades o accidentes. Pero estas exigencias exageradas al destino conducen necesariamente a la insatisfacción, porque el sol no brilla siempre. Nos tenemos que consolar con la idea de que nuestro camino se extiende bajo el sol y la lluvia, a través del viento y la tormenta.

El planteamiento de estas exigencias no solo se dirige contra el Estado, la sociedad o el puesto de trabajo. Con bastante frecuencia también se dirige contra uno mismo. Nos exigimos demasiado. Creemos que siempre tenemos que estar alegres, pensar en positivo, tenerlo todo controlado, tener éxito, recibir el reconocimiento de todos... Estas expectativas demasiado elevadas que nos planteamos a nosotros mismos proceden de la niñez. Es normal que los padres tengan expectativas depositadas en sus hijos. Si no tuvieran ninguna expectativa, no confiarían en ellos. Pero cuando las expectativas de los padres se imponen con demasiada fuerza, entonces se convierten en exigencias que nos hacemos a nosotros mismos. Y en ese caso con mucha frecuencia nos apabullan. Algunas personas me han contado que de niños siempre se tuvieron que enfrentar a la expectativa de lograr algo. Cuando querían jugar, los padres les decían: «Hay cosas más importantes que hacer. ¡Primero barre el patio!» o «Primero ordena tu habitación, después podrás jugar». Como consecuencia, como adultos, estas personas han asumido la exigencia de que siempre tienen que hacer algo, de que cualquier cosa que hagan siempre debe tener un resultado. Consideran que jugar o simplemente estar sentado sin hacer nada es una pérdida de tiempo. Todo debe tener un resultado. Por eso no pueden pasar una hora con ellos mismos y disfrutar de ese tiempo.

Daniel Hell, un psiquiatra suizo, especialista en el tratamiento de la depresión, considera que estas exigencias exageradas a uno mismo llevan con frecuencia a una depresión. Según él, la depresión es con frecuencia un grito de auxilio del espíritu. El espíritu ha llegado a su límite. Cuando superamos este límite a causa de las exigencias que nos imponemos, el espíritu se rebela. Deberíamos estar agradecidos por que nuestro espíritu se mueva, aunque sea hacia la depresión. En ese caso, la depresión es una invitación a que nos despidamos de nuestras exigencias exageradas. No tenemos que ser siempre perfectos o exitosos, o buenos y educados, o populares y llenos de confianza. Podemos ser como somos. Cuando nos permitimos ser como somos, nos encontramos en consonancia con nosotros mismos, y estamos satisfechos con nuestra vida.

Estas exigencias exageradas también las he visto en personas espirituales. Tienen la exigencia de tener siempre una buena relación con Dios, de sentirse siempre protegidos por Dios. Y entonces se sienten insatisfechos cuando no conocen o sienten a Dios de tú a Tú. En su momento tuvieron una buena relación con Dios. Podían comentar con él todos sus problemas, pero ahora ya no funciona. Con frecuencia sienten un vacío interior cuando se sientan a meditar o cuando empiezan a rezar. Estar satisfecho no significa que no continúe por mi senda espiritual. Pero en primer lugar ahora debo reconciliarme con la idea de que no siento a Dios, de que no siento en mí el entusiasmo juvenil de hace veinte o cincuenta años, sino que mi relación con Dios se ha transformado. Se ha vuelto más sobria. Pero en esta sobriedad también se esconde una oportunidad. Ya no utilizo a Dios como alguien que me regala sensaciones hermosas. Me abro a Dios y recorro mi camino delante de Él, con los sentimientos que tengo en este momento, aunque estos sentimientos momentáneos no sean demasiado profundos. Me aferro a Dios. Me tomo tiempo para rezar y para meditar. Pero no espero sentir una sensación de euforia cada vez que rezo. Me siento satisfecho con lo que es en cada instante. Si siento un vacío, me permito sentir un vacío. Cuando siento la cercanía de Dios, estoy agradecido.

También en la dirección espiritual conozco a personas que siempre se imponen exigencias de una manera continuada: en realidad tendría que ser más espiritual, en realidad tendría que vivir solo con Dios. Pero siento en mí también necesidades mundanas. Me tendría que concentrar más al rezar, meditar de una manera más consecuente, rezar mucho más por los demás. Cambian la vida espiritual por la idea de obtener resultados, y se imponen exigencias exageradas. Un sacerdote que en cierta ocasión me explicó las exigencias espirituales que se imponía reconoció en la conversación: «En realidad me debería sentir más satisfecho con mi vida espiritual. Sigo buscando. No me detengo. Eso ya es algo. No debo medir mi vida espiritual con las experiencias profundas que explican otros. Está bien que permanezca en el camino hacia Dios, que no me quede parado».

La insatisfacción con la vida espiritual se convierte con frecuencia en una insatisfacción con Dios: «He rezado mucho para que Dios me ayude, para que Dios me quite el miedo y cure mi enfermedad, pero no ha ocurrido nada». Muchas personas le imponen exigencias a Dios, como si tuviera que actuar inmediatamente ante cualquier petición. Solo están satisfechas con Dios cuando cumple sus deseos. En el trasfondo de esto se encuentra una imagen de Dios muy curiosa: debe ser el Padre amante que siempre hace lo que me va bien. Pero esta imagen de Dios la rebajo a mi nivel humano. Dios está más allá de cualquier imagen, es el misterio absoluto, ante el que me presento con un profundo respeto. Solo cuando me abro a este Dios inabarcable, le puedo decir que Sí y dejar de depositar en Él mis exigencias.

Para mí, la satisfacción procede del padrenuestro: «¡Hágase Tu voluntad!». Para muchos, esta oración es una exigencia excesiva. De inmediato piensan que la voluntad de Dios interfiere en sus planes vitales. O no pueden seguir pronunciando esta petición cuando ha muerto una persona querida, por cuya salud rezaron tanto. Para mí significa lo siguiente: como es natural, me gustaría disfrutar durante mucho tiempo de buena salud, poder trabajar mucho más y vivir cosas bonitas, pero sé que no puedo garantizar mi salud, ni puedo conseguir con mis propias fuerzas que mi vida espiritual siga estando viva y que siempre me transmita buenas sensaciones. «Hágase Tu voluntad» significa para mí: estoy de acuerdo con lo que Dios me confía y me exige. Me alegro por mi salud, pero también confío en no perder la paz interior si enfermo. También en ese momento me puede encontrar la voluntad de Dios y exigirme que crezca interiormente, cuestionándome qué es lo que me define: solo mi salud y mis fuerzas, o mi relación con Dios.

Cuando antes de una conferencia rezo «Hágase Tu voluntad», como es natural me gustaría que mis palabras conmoviesen el corazón de las personas, pero le dejó a Dios que haga lo que tenga a bien con mis palabras. No se trata de lucirme delante de la audiencia, sino de que Dios toque sus corazones. Estoy agradecido cuando se establece una conversación, cuando me siento recompensado por un encuentro. Pero cuando no tengo una buena sensación después de una conversación, cuando no he llegado al otro, también digo: «¡Hágase Tu voluntad!». Puede ser que una conversación no vaya por el camino óptimo. No se trata de que salga de la conversación como alguien admirado. Se trata más bien de que Dios haya actuado de alguna manera en mi interlocutor. Estoy agradecido cuando a las personas les gusta leer mis libros y se sienten conmovidas por ellos. Pero también puede ser que alguno de ellos no tenga éxito. Siempre es voluntad de Dios cuando un libro es una bendición para un lector o una lectora. Eso no lo puedo hacer por mí mismo. El conocimiento de la voluntad de Dios me libera de la presión de obtener resultados que es lo que mueve siempre el corazón de la gente.

Conozco muchas personas que al final del día se sienten muchas veces insatisfechas. Piensan: «Si hubiera tomado otra decisión. Si hubiera sido más amistoso, atento o inteligente en la conversación con mi hijo o con mi hija». Con tanto «si» y tanto «hubiera», no encuentran descanso, y se quedan con una valoración de lo que han hecho y vivido que por lo general se limita a: «no lo suficientemente bueno». Hubiera podido ser mucho mejor. Tienen la exigencia de estar totalmente presentes en cada conversación, de entregarse por completo al otro. Pero con frecuencia la vida no es así. La satisfacción consiste para mí en que puedo aceptar lo que fue, pero al mismo tiempo le presento a Dios lo que fue, y confío en que convierta en una bendición el pasado, aunque no fuera óptimo,

Cuando reflexiono sobre el hecho de por qué algunos se sienten con tanta frecuencia insatisfechos con el día pasado, pienso que se trata del propio ego. Me gustaría obtener buena nota. Me gustaría que el interlocutor estuviera satisfecho conmigo, que me alabase como un director espiritual competente. Me gustaría que los demás honrasen mi trabajo. Me gustaría quedar bien con todo el mundo. En definitiva, se trata de mi ego que tiene la exigencia de ser amado siempre y en todas partes, de ser reconocido y alabado. Estar satisfecho significa despedirse de las exigencias del ego.

Jesús le planteó la siguiente exigencia a los que querían seguirle: «El que quiera ser mi discípulo olvídese de sí mismo, cargue con su cruz y sígame» (Marcos 8, 34). No nos exige que nos inclinemos o que neguemos cualquier deseo. Se trata más bien de que consigamos alejarnos de nuestro propio ego. No podemos matar el ego, porque lo necesitamos para seguir con nuestra vida. Pero el ego tiene la tendencia a situarse siempre en el centro y plantearle exigencias exageradas a la vida, y necesitamos mantener una distancia interior respecto a tal exigencia. La palabra griega *aparneistai* significa «ignorar, desconocer, negar, rechazar». Rechazo la exigencia de mi ego de situarse siempre en el centro, de medirlo todo en función de él, de plantearme expectativas demasiado elevadas de mí mismo. Le niego mi consentimiento cuando quiere destacar y siempre quiere dar vueltas a su alrededor. Me enfrento al ego que solo busca reconocimiento y aprobación en todas partes. En la medida que me oponga, seré libre para mi verdadero yo, encuentro el camino que rodea el ego para situarme en mi propio centro.

Estas exigencias exageradas también se dirigen con mucha frecuencia contra las personas que nos rodean. Estamos insatisfechos con nuestros compañeros de trabajo en la empresa. Deberían ser mejores y rendir más. Pero cuando el jefe está insatisfecho con sus trabajadores, no mejora el ambiente de trabajo. En cuanto habla, el tono de reproche se hace evidente. Pero una manera de hablar llena de reproches solo provoca mala conciencia en los trabajadores. Una mala conciencia no motiva para cambiar nada o para transformarse. Es más bien un obstáculo y hace que no se tengan ganas de trabajar ni de trabajar para esa empresa. Con frecuencia, veo trabajadores que no tienen ganas de ir al trabajo porque sufren bajo la insatisfacción de sus jefes. La falta de motivación de los empleados en última instancia también tiene un impacto negativo en los resultados de la empresa. Y eso conduce a una insatisfacción aún mayor de los jefes. Se trata de un círculo vicioso del que solo se puede salir cuando el jefe está dispuesto a aceptar a sus trabajadores tal como son y trabajar con ellos. Solo puedo esperar una mejora del ambiente en la empresa y de los resultados económicos si me gustan mis empleados y tengo ganas de trabajar con ellos. Entonces se dejarán imponer la exigencia de mejorar siempre.

Muchas personas también están insatisfechas con su pareja. Cuanto más tiempo vivimos juntos, más aprendemos a conocernos. Y de esta manera descubrimos también las debilidades y los defectos del otro. Cuando se tiene la exigencia de que la pareja sea perfecta, entonces se estará siempre insatisfecho. Uno se irritará porque no le gusta su manera de cepillarse los dientes, o su impuntualidad, o su forma descuidada de vestirse. Pero cuanto más insatisfechos nos sintamos con la pareja, más se recluirá esta en su interior. Tendrá la sensación de que nunca podrá satisfacernos. Por eso renunciará a trabajar en sí mismo.

Con frecuencia, los padres no están satisfechos con sus hijos. Les pinchan con que deberían ser mejores en la escuela, que más allá de la escuela deberían tomar clases en el conservatorio o de equitación o de ballet, y como le imponen a los niños sus ambiciones y sus deseos, no se ven correspondidos, siempre estarán insatisfechos con ellos. La insatisfacción es un veneno para el desarrollo de los niños. Se sienten queridos de manera condicional, es decir, solo si cumplen las aspiraciones de los adultos. En algunos casos, se desarrollan estrategias para conseguir ese amor a través de los resultados obtenidos o adaptándose. Eso los tuerce. No alcanzan toda su fuerza y no crecen en la individualidad propia que Dios les ha regalado.

Hace veintisiete años que acompaño a sacerdotes y religiosos en visitas a domicilio. En ellas he visto una y otra vez que los sacerdotes se sienten insatisfechos con su comunidad. Cuando el párroco está insatisfecho con su comunidad, no puede influir demasiado en ella. La comunidad siente su insatisfacción, y no tiene demasiado interés en trabajar con él. Solo cuando el párroco ama a su comunidad tiene la oportunidad de influir en ella. Al revés, con frecuencia los miembros de la comunidad están insatisfechos con su párroco. Estoy seguro de que a menudo esto tiene causas razonables. Quizá tenga algunas peculiaridades que no le hacen bien a la comunidad. Pero también conozco comunidades que no están satisfechas con ningún párroco. Tienen unas exigencias tan elevadas que nadie las puede cumplir. A una comunidad, el obispo le negó un párroco nuevo porque a todos los predecesores los había expulsado al cabo de dos años. Tenían unas expectativas tan elevadas que solo un superhombre habría podido estar a la altura. Pero en realidad no existe ningún párroco perfecto, solo personas. Cuando la comunidad acepta al párroco como persona, entonces también le ofrece la posibilidad de transformarse y trabajar bien juntos.

Cuando preguntamos por las razones de la insatisfacción con otras personas –en la familia, en la empresa, en la iglesia–, observamos que el problema no solo se debe a las grandes exigencias que se plantean a los demás, sino que con frecuencia el origen de todo es la insatisfacción con uno mismo, que se proyecta sobre el otro, esperando de él que nos proporcione algún bienestar. Con ello se hace que el bienestar de uno dependa del comportamiento del otro. Pero así no se encontrará nunca la paz interior, porque hacemos que esta dependa de las cosas exteriores o de otras personas, y de lo que realmente se trata es de encontrar la paz en uno mismo. Entonces también estaré satisfecho con las otras personas, y dejará de molestarme todo. Aceptaré cómo son los demás, y también les permitiré que sean como son. Naturalmente, está bien que en una relación se exija al otro que trabaje en sí mismo y cambie algunas cosas, pero eso solo ocurrirá si lo he aceptado como es, porque solo se puede transformar lo que se ha aceptado. Este es una fundamento de la teología: como Dios se convirtió totalmente en persona, la persona se transformó, se divinizó. Este fundamento también es válido para la psicología: solo lo que acepto en mí se puede cambiar. Lo que rechazo de mí sigue colgando de mí. Por el contrario, la persona que acepto como es se vuelve capaz de transformarse. Cuando sienta que estoy insatisfecho con ella, se defenderá. Buscará cada vez razones nuevas para afirmar que tiene razón y que yo estoy equivocado. O quizá intente trabajar en sí misma, pero entonces sentirá que no me puede satisfacer. Y de esta manera no cambiará gran cosa en ella, porque en un clima de insatisfacción no es posible una transformación.

4. Satisfacción saciada y tranquilidad verdadera

También existe una forma negativa de la satisfacción. Aparece en personas que solo se sienten satisfechas con lo superficial. Viven simplemente al día. Con eso se sienten satisfechas. Se trata de una satisfacción saciada, comparable a cuando nos sentimos saciados después de un buen almuerzo y tan satisfechos que lo que más nos gustaría sería estar tranquilos. Se trata de una satisfacción somnolienta. A la persona que experimenta este tipo de satisfacción le gustaría que nadie le molestase. Le gustaría conservar esa sensación de bienestar. Todos los que le plantean cualquier cuestión aparecen como perturbadores de la paz. Tampoco está disponible para nadie, ya sean invitados o extraños. Le gustaría estar sola consigo misma y blindar sus viejas costumbres y su viejo entorno. Siempre ha sido así. Eso está bien. Está acostumbrada a ello. Todo lo demás solo molesta.

Esta satisfacción saciada no tiene nada que ver con la verdadera tranquilidad interior. Por el contrario, resulta muy fácil conseguir que esta persona pierda la tranquilidad. Está cerrada a todo que la pueda poner en cuestión. Y es inamovible. No se puede reconocer ningún movimiento interior. Todo está congelado. A continuación esta congelación se confunde con la satisfacción. En realidad, se trata de fijar el pasado, al que no queremos que se moleste. Porque todo lo que molesta está cuestionando la propia vida. ¿Aún es válido? ¿O vivo pasando de largo de la verdad y la realidad? Estas preguntas se rechazan con gran agresividad.

Herbert Marcuse, un filósofo y politólogo germanoamericano, considera que esta satisfacción saciada se manifiesta en «la comodidad y en la seguridad económica y profesional» (Marcuse, 254). Uno se acomoda en ella. Marcuse llama a este tipo de ejemplos una «satisfacción esclavizadora» (Marcuse, 254). Por tanto, no solo existe la satisfacción agradecida, sino también la satisfacción esclavizadora. Nadie la debe molestar. El Estado, que ya no puede garantizar mi seguridad profesional, se convierte así en un perturbador de la paz. Todo lo que pueda poner en cuestión mi comodidad perturba mi satisfacción. La satisfacción saciada nos esclaviza y provoca que seamos agresivos con todos los que pueden poner en cuestión esta satisfacción saciada.

Frente a esta satisfacción saciada, los sabios de este mundo nos invitan a participar de la satisfacción agradecida, que se convierte en la llave que nos abre la puerta hacia la felicidad. Theodore Fontane dice de esta satisfacción positiva: «Solo existe un medio para sentirse bien: tenemos que aprender a sentirnos satisfechos con lo que tenemos y no ansiar siempre precisamente lo que nos falta». La satisfacción también se puede aprender. Por ejemplo, intentando precisamente sentirnos satisfechos con lo que tenemos. Eso no resulta demasiado fácil, porque en nosotros existe una tendencia a ansiar siempre lo que nos falta. Si somos conscientes de ello, nos debemos repetir: «No voy a pensar en lo que no tengo. Doy las gracias por lo que tengo y lo que soy».

Estar satisfecho con lo que tenemos no significa que nos resignemos o que nos quedemos parados. La satisfacción agradecida está totalmente abierta a la novedad, que también acepta con agradecimiento. Pero sobre todo está agradecida por lo que hay. Y eso le proporciona una paz interior. A partir de esta paz se puede asumir lo nuevo. Cuando uno siempre quiere algo nuevo a partir de la insatisfacción interior, al final nada será capaz de satisfacerlo. Todo lo nuevo solo es bueno durante un período de tiempo muy corto. Esto se demuestra en cierta medida en la obsesión por comprar de algunas personas. En cuanto consiguen una cosa, simplemente la dejan de lado. Ya no se alegran por lo que han comprado. El insatisfecho puede comprarlo todo y experimentar todas las novedades, pero en última instancia nunca se sentirá satisfecho.

El poeta protestante Paul Gerhardt dice en uno de sus poemas: «Date por satisfecho y calla». La satisfacción interior conduce a la tranquilidad interior y al silencio. Cómo podemos encontrar esta tranquilidad interior nos lo muestra Jesús cuando dice: «Aprended de mí, que soy manso y humilde de corazón; y hallaréis descanso para vuestras almas» (Mateo 11, 29). Solo conseguiremos la tranquilidad interior cuando aprendamos de Jesús estos dos comportamientos: mansedumbre y humildad. La palabra griega *prays*, que es la que aparece en el texto griego de la Biblia, se puede traducir como «mansedumbre» o como «bondad». Solo cuando somos mansos ante todas las preocupaciones interiores de nuestra alma, encontramos la tranquilidad. Si rechazamos todo lo desagradable que aparece en nosotros cuando nos relacionamos con extraños, nunca conseguiremos la calma. Porque en ese caso solo logramos restaurar una y otra vez la satisfacción saciada a través del rechazo de todo lo nuevo. Pero si en cambio contemplamos con una mirada mansa todo lo que aparece en nuestra alma, como una necesidad, una emoción o una reacción interior, encontraremos la tranquilidad. Cuando traducimos *prays* como «mansedumbre», descubrimos otro aspecto más de la satisfacción interior: la palabra alemana *sanft* [manso] está relacionada con la palabra *sammeln* [coleccionar]. *Sanftmut* [mansedumbre] también consiste en tener el valor [*Mut*] de coleccionar todo lo que hay en nuestro interior. Todo nos pertenece. Conozco muchas personas que están divididas en su interior. Viven hacia el exterior solo su lado correcto, su lado piadoso o su lado autocontrolado. Todo lo demás lo apartan, haciendo imposible un encuentro real con ellas. Y no transmiten tranquilidad. Se nota que su calma exterior solo se consigue mediante una represión. Pero en realidad no es una tranquilidad verdadera. Y entre nosotros no fluye nada, porque todo lo que han eliminado de su interior les falta en el encuentro. Cuando alguien reprime sus sentimientos y solo nos ofrece su razonamiento, nos encontramos con su cabeza, pero no con la persona completa. Semejante división interior no puede conducir a emitir tranquilidad. Notamos que detrás de la fachada racional bulle un volcán. Solo la mansedumbre [*Sanftmut*] como coraje [*Mut*] para reunir todo lo que hay en nuestro interior nos conduce a la tranquilidad interior. Cuando no tenemos miedo de nada de lo que hay en nosotros, sino que reunimos con cariño todo lo que tenemos, dejamos de alimentar cualquier volcán que pudiera explotar en un momento dado.

El otro comportamiento que podemos aprender de Jesús es la humildad. La humildad [*Demut*] como *humilitas* es el valor [*Mut*] de hundirse en la propia realidad, de bajar hacia las sombras propias, en las que se encuentran todas las emociones y los padecimientos reprimidos que están en nuestro interior. Cuando dejamos muchas cosas en la sombra, el runrún va creciendo dentro de nosotros. No encontramos la tranquilidad verdadera. Tenemos constantemente miedo de que puedan surgir la agresión reprimida o la sexualidad aplastada y que nos puedan inundar. Huimos del silencio porque tenemos miedo de que en el silencio aflore todo lo que hemos reprimido, de que reconozcamos de una vez que vivimos sin tenernos en cuenta a nosotros mismos y a nuestra verdad. Solo cuando estemos dispuestos a aceptar con humildad nuestra verdad interior, encontraremos la tranquilidad. La humildad [*Demut*] es el valor [*Mut*] de aceptar todo lo que sentimos en nuestro interior. Esto nos libera de imágenes ilusorias de nosotros mismos. Nos reconciliamos con nuestra realidad, y ello nos regala la verdadera tranquilidad. Y esta tranquilidad verdadera conduce siempre a una satisfacción y una gratitud positivas, pero nunca a una satisfacción saciada, que aparece cuando reprimimos u ocultamos todo lo que nos incomoda. Detrás de la satisfacción saciada se esconde el miedo a todo lo que nos pueda incomodar. Por eso con frecuencia los satisfechos saciados reaccionan con agresividad contra las personas que los critican o cuestionan.

La satisfacción también se puede aprender. De ello hablan muchos proverbios, por ejemplo uno procedente de Friul: «La casa del satisfecho aún no se ha construido». Significa que debemos edificar una casa en la que nos sintamos satisfechos. Pero el proverbio dice que la mayoría aún no ha construido esa casa. Les gusta más vivir en las casas de la insatisfacción. Sin embargo, vale la pena construir esa casa de la satisfacción, porque como dice un refrán procedente de Francia: «La satisfacción es más valiosa que la riqueza». Construir la casa de la satisfacción tiene más valor que construir una gran mansión con muchas habitaciones, que esté llena de insatisfacción. Cuando queremos cubrir con riquezas el vacío de nuestro interior, ello no nos proporcionará la tranquilidad. Jesús dirige nuestra mirada hacia la riqueza interior de nuestra alma, al tesoro en el campo, a la perla valiosa de nuestro interior. Si la encontramos, hallaremos la tranquilidad, porque estaremos satisfechos.

También nos muestra un camino hacia la satisfacción

verdadera: «No os hagáis tesoros en la tierra, donde la polilla y la carcoma corrompen, y donde ladrones minan y hurtan; sino haceos tesoros en el cielo, donde ni la polilla ni la carcoma corrompen y donde ladrones no minan ni hurtan. Porque donde esté vuestro tesoro, allí estará también vuestro corazón» (Mateo 6, 19-21).

Jesús piensa aquí en tres tesoros diferentes: un vestido caro, que se puede comer la polilla, en arcas y arcones valiosos, que puede destruir la carcoma, y en tesoros que se han enterrado en la casa o en la tierra. Los ladrones pueden entrar en la casa o pueden encontrar el lugar en el que está enterrado el tesoro y desenterrarlo. Por eso, nuestras posesiones nunca están seguras. Muchos ricos viven con el miedo constante de que alguien robe o destruya lo que tienen.

Solo encontraremos la tranquilidad y la satisfacción verdaderas si reunimos «tesoros en el cielo». Pueden ser limosnas que demos a los demás. Pero también las oraciones y los ayunos que nos ponen en contacto con la riqueza interior, con la imagen original y sin manipulación que Dios se ha hecho de nosotros. Cuando estamos en contacto con esta imagen, estamos en consonancia con nosotros mismos, y encontramos la tranquilidad verdadera.

5. La persona satisfecha

De una persona satisfecha surgen cosas agradables. Siempre que aparece extiende una atmósfera agradable. Si una persona está satisfecha, se muestra en muchos aspectos. Me gustaría analizar algunos de ellos.

A veces imparto cursos para los trabajadores de una cadena hotelera. Se trata de personas muy satisfechas, que disfrutan con su trabajo. Me hablan de los diferentes tipos de clientes. Están los que se alegran de que los reciban de manera amistosa y los conduzcan a una habitación cómoda y hermosa. Están satisfechos con el servicio y se alegran de las posibilidades que les ofrece este hotel. Y también hay otros que siempre están insatisfechos con todo. Siempre falta algo en la habitación. O es demasiado pequeña o demasiado grande. O señalan alguna cosa que echan de menos en el equipamiento. Las toallas son demasiado pequeñas o demasiado pocas. La cama es demasiado blanda o demasiado dura. Hay clientes que no están satisfechos con nada. Benjamin Franklin dice sobre ellos: «La persona insatisfecha no encuentra nunca una silla cómoda». Siempre tiene que ponerle un pero a todo. No puede dejarse caer en el sillón con toda confianza y descansar. Siempre encuentra algo que no está bien.

Los trabajadores del hotel aprenden a conocer a las personas según su reacción ante lo que les ofrecen. Los que están satisfechos con lo que les ofrecen son agradables. Trabajar con ellos es divertido. Y resulta fácil alegrarles. Sin embargo, con las personas insatisfechas, hagas lo que hagas por ellas, nunca están contentas. Y en algún momento acaban poniendo de los nervios a los empleados. Notan que en la insatisfacción con el servicio se esconde algo totalmente diferente: la insatisfacción con ellos mismos, la insatisfacción con la propia vida.

El cliente satisfecho no compara un hotel con otro. Disfruta de lo que le ofrece el establecimiento en el que está y se siente cómodo viviendo en él. Se acomoda a la atmósfera amable y agradece las atenciones que le ofrecen los empleados, y de esta manera se establece una relación de confianza. Todos se sienten bien. La persona satisfecha, que está satisfecha con lo que le ofrecen, recibe mucho más que el insatisfecho. Recibe el regalo de palabras amables, de las atenciones de los empleados, de las relaciones y amistades que van surgiendo. La persona insatisfecha permanece sola. No encuentra ninguna conexión. Y esta exclusión de la vida la vuelve aún más insatisfecha.

También los vendedores aprenden a conocer a diferentes tipos de personas. Unas nunca se pueden decidir. Buscan algo que en realidad no existe. Y todo lo que les puede proporcionar el centro comercial no es lo suficientemente bueno. Esta insatisfacción con todo lo que les ofrecen provoca que los vendedores y las vendedoras se sientan con frecuencia perplejos e impotentes. Tienen la impresión de que nada de lo que muestren a ese cliente será lo suficientemente bueno. Afortunadamente, también existen los clientes que valoran las prendas que les ofrecen y se alegran de haber encontrado algo que les queda perfectamente. A estos clientes se les atiende con más ganas. De ahí surge una buena conversación. Y el cliente tiene la sensación de que ha tomado la decisión correcta. Se va a casa satisfecho con lo que ha comprado. El cliente insatisfecho se acaba decidiendo en algún momento, pero después vuelve al cabo de un par de días y devuelve la compra. Ha encontrado algo en ella que lo ha dejado insatisfecho. Estos clientes son la pesadilla de todo vendedor y vendedora. Cuando imparto cursos para vendedores, aprendo hablando con ellos, que en su profesión se adquiere un gran conocimiento de las personas. En el comportamiento de compra pueden leer el aspecto que tiene el alma de la gente, pueden ver si alguien está en consonancia consigo mismo o está internamente desgarrado. Incluso pueden intuir cómo es esa persona en otros aspectos de su vida. El comportamiento durante la compra dice mucho sobre el alma de la persona.

Están los que siempre quieren lo totalmente correcto. Pero tal cosa no existe. Esas personas persiguen una ilusión. Por eso nunca están satisfechas. Las personas satisfechas saben, por su parte, que no existe lo totalmente correcto y bueno. Contemplan cada prenda de vestir que les ofrecen y confían en la sensación que experimentan en las entrañas. Entonces se deciden y están satisfechas con su elección. No siguen cavilando sobre si en algún lugar habrá un jersey más barato o más bonito. Se alegran con el que han comprado. En su satisfacción emerge algo esencial: que la persona tiene sus límites y que también lo que compramos está limitado. Nunca va a satisfacer nuestra ansia más profunda. Pero cuando estamos satisfechos con lo que hemos adquirido, nos alegramos por ello, y entonces vivimos de otra manera. El insatisfecho no solo duda sobre el jersey que ha comprado, sino que en última instancia también duda sobre sí mismo. No está seguro de lo que realmente le sienta mejor. No está seguro de lo que quiere en realidad.

El insatisfecho siempre tiene que ponerle objeciones a todo. Cuando va a un restaurante, empieza por no poder decidirse sobre lo que va a comer. Critica la carta, que tiene para elegir pocos platos vegetarianos o una selección escasa de platos de pescado o de carne. Pero al final toma una decisión, y cuando llega el plato, siempre tiene algo que objetar. Está demasiado caliente o demasiado frío, está demasiado especiado o tiene pocas especias. No puede disfrutar de la comida porque siempre busca algo para estar insatisfecho. El comensal satisfecho, por el contrario, se recrea con los platos tal como son. Saborea con lentitud lo que se mete en la boca y paladea la comida. No la compara con otros platos o con otros restaurantes en los que ha estado. Se deja llevar por lo que le puede ofrecer este restaurante.

La satisfacción de una persona también se muestra en la manera como vive sus vacaciones. Existen turistas que nunca están satisfechos, ya sea con el alojamiento o con las excursiones, porque, por ejemplo, las rutas no están lo suficientemente bien indicadas. A continuación están insatisfechos con el tiempo. O hace demasiado calor o demasiado frío. O llueve demasiado. Mi hermana trabajó durante un tiempo en una agencia de viajes. Allí tuvo que atender continuamente a personas que se quejaban. A veces la queja estaba del todo justificada porque la realidad no había estado a la altura de las promesas que les habían hecho. Pero con frecuencia los empleados de la agencia de viajes se ponían de los nervios con aquellos que nunca estaban satisfechos con nada. Este tipo de clientes se los solían pasar a mi hermana, porque era la que mejor los sabía tratar. Sencillamente empezaba a hablar con ellos. Entonces salían a la luz cosas que nada tenían que ver con el viaje y ya no era tan importante cómo era el hotel, sino que alguien los estaba escuchando y le podían abrir su corazón a una persona que irradiaba satisfacción interior. En la mayoría de las ocasiones eso les tranquilizaba.

La persona satisfecha reacciona ante lo que se le presenta. Saca lo mejor de ello. También puede ver el lado positivo de pasear bajo la lluvia. Caminar bajo la lluvia tiene una cualidad propia. La satisfacción saciada, en cambio, se empeña, por ejemplo, en que durante las vacaciones se coma lo mismo que en casa y en tener las mismas condiciones de comodidad que si estuviera en su sofá, sin permitirse dejarse llevar por lo extraño. La satisfacción saciada es estrecha, mientras que la satisfacción positiva ensancha el corazón y lo abre a todo lo nuevo y extraño que, como turista, pueda aprender en el país donde pasa las vacaciones.

La persona satisfecha también disfruta en el trabajo. Me encuentro continuamente con gente que no aguanta en ningún puesto de trabajo. Se despiden porque el ambiente de la empresa no es bueno. Con bastante frecuencia estoy seguro de que es el caso. Cuando no puedo aguantar en una empresa, porque sé que me pondré enfermo, renunciar es el paso adecuado. Pero también he encontrado a personas que al principio elogian el nuevo puesto de trabajo y a sus nuevos compañeros, que acaban de conocer, pero que al cabo de poco tiempo se vuelven testarudos, odiosos y cortos de miras. Sienten que no los han acogido o que incluso les hacen el vacío. Y, de esta manera, las personas insatisfechas viven siempre la misma situación en entornos nuevos: se sienten incomprendidas. El ambiente en la empresa es imposible. Consideran que una colega es hostil o falsa. La persona satisfecha no juzga con tanta rapidez. Primero analiza el entorno e intenta aceptar y comprender a la gente con la que trabaja. Solo cuando le resulta imposible, puede plantearse si realmente puede seguir trabajando en ese sitio o no. Pero las personas insatisfechas no encuentran nunca el puesto de trabajo en el que pueden trabajar felizmente.

Para otros ámbitos también son válidas nuestras experiencias en la familia, en la comunidad en la que vivimos y en la Iglesia. Una madre me habló de su hija, que está insatisfecha con su vida. Critica continuamente a los padres. Son culpables de su insatisfacción. Se preocuparon muy poco de ella, le exigieron demasiado poco. En última instancia, sus padres son culpables de que abandonase sus estudios. La deberían haber animado a que siguiera. Pero si los padres hubieran presionado a la hija para que siguiera yendo a la escuela, lo que no le hacía ninguna gracia, también se habría sentido insatisfecha. Habría reprochado a los padres que la hubieran presionado, que la definieran solo según los resultados. Con las personas insatisfechas se puede hablar de cualquier cosa, pero siempre se hará mal. Las personas insatisfechas tienen la capacidad de provocarnos mala conciencia, como esa hija a sus padres, quienes se preguntaban qué habían hecho mal para que su hija estuviera tan insatisfecha. Pero no sirve de nada cargar con todas las culpas. La hija también está obligada a analizar su insatisfacción y a preguntarse por sus orígenes. Con frecuencia, detrás de la insatisfacción se encuentran deseos infantiles sobre la vida. Nos gustaría estar siempre protegidos, que todo fuera siempre fácil, que se cumplieran siempre todos los deseos. Pero de esa manera quedo atascado en el nivel de un niño, que solo le plantea deseos a sus padres, pero que no da ningún paso para crecer.

Desde hace cincuenta y tres años vivo en una comunidad monástica en la que también he conocido hermanos satisfechos e insatisfechos. Naturalmente siempre se le puede reprochar algo a la comunidad, y la comunidad siempre tiene que seguir trabajando en sí misma para no experimentar una autosatisfacción complaciente y tener que preguntarse por qué nadie quiere unirse a ella. Pero con frecuencia los hermanos insatisfechos esperan de la comunidad algo que solo pueden encontrar en su interior. La comunidad de personas siempre se tendrá que enfrentar a las debilidades y los defectos de sus miembros. Solo puede intentar convivir con ellos. Y la convivencia no será nunca óptima. Los hermanos satisfechos trabajan para extender la paz a su alrededor. No hablan constantemente sobre los demás que no tienen una vida ideal. Los hermanos insatisfechos conocen siempre lo que va mal en la comunidad. Están obsesionados con los defectos y las debilidades de la comunidad y de cada hermano individual. También en este caso se trata de alejarse de las imágenes ideales y amar la comunidad tal como es. Solo puedo transformar lo que amo; lo que rechazo permanece anclado en su forma negativa.

En la casa de recogimiento acompaño a muchos sacerdotes y religiosos, hombres y mujeres, que trabajan en la Iglesia. También en este caso he presenciado satisfacción e insatisfacción. Con frecuencia, la insatisfacción no solo afecta al sacerdote, sino a todo el servicio religioso. Pero la misa la celebra toda la comunidad. Por eso a menudo la insatisfacción muestra unas expectativas exageradas por parte de la comunidad. El cristiano satisfecho participa en la misa. Está agradecido por el silencio, en el que puede conseguir el sosiego. Está agradecido por las canciones, que conmueven su corazón. Y está agradecido por las palabras del sermón, que lo conmueven. Durante el sermón algunos están pensando en lo que debería decir realmente el sacerdote. De esta manera no oyen lo que dice. Algunos vivieron en otro lugar una misa hermosa, y ahora esperan que la misa en su comunidad tenga la misma vivacidad.

Los demás les tienen que proporcionar esa vivacidad, pero si no la tienen en su interior, esperarán en vano que se la transmitan los otros.

En mis conferencias también me encuentro con personas satisfechas e insatisfechas. Las primeras están agradecidas por lo que digo. Se dejan conmover por mis palabras. Las segundas se me acercan después de la conferencia y me enumeran todo lo que podría haber dicho. He hablado demasiado poco sobre el amor o sobre el perdón. Sacan a colación su tema preferido, aunque no tenga nada que ver con el contenido de la conferencia. En esos casos, solo escucho y reflexiono sobre lo que impulsa a una persona a resaltar lo que no se ha dicho. Ahí detecto con frecuencia la insatisfacción. No se está en consonancia con uno mismo. Se espera de los demás la confirmación de sus ideas preferidas. Pero cuando hablan sobre amor o perdón, noto que en sus palabras no se puede detectar nada de amor o de perdón, sino solo obstinación. Una experiencia similar ocurre cuando se abre un turno de preguntas después de la conferencia. Algunos plantean preguntas muy personales. Esas me gusta responderlas. Tengo la sensación de que con sus preguntas también están ayudando a otros a dar voz a lo que les conmueve. No obstante, hay otros que no preguntan, sino que pronuncian su propia conferencia. Destacan todo lo que ha faltado en mi charla para mostrar a los demás que en realidad ellos lo habrían hecho mucho mejor. En esta ansia por presentarse noto su insatisfacción. En lugar de conmoverse o dejar que se formulen preguntas, deben extender su insatisfacción por toda la audiencia. Con frecuencia, las personas reaccionan con enfado ante estos ponentes adicionales. Sienten su insatisfacción y se vuelven también insatisfechos.

En cualquier encuentro se puede notar si las personas están satisfechas o insatisfechas. Yo lo experimento sobre todo en el acompañamiento espiritual. Siempre estoy agradecido de hablar con personas satisfechas. Ahí se entabla una conversación. Y después los dos contertulios tienen la impresión de que se abren perspectivas nuevas. Cuando el interlocutor está insatisfecho consigo mismo, primero escucho con mucha atención y después pregunto por las causas de su insatisfacción. Con frecuencia, nombra a otras personas que son culpables de que a él/ella no le vaya bien. A continuación sigo preguntando sobre qué parte de su insatisfacción es culpa suya. A veces consigo diluir su insatisfacción y transformarla en agradecimiento. Entonces me siento agradecido por la conversación y por la transformación que ha ocurrido durante su transcurso.

Pero a veces siento mi propia impotencia. Todo lo que digo es rechazado. A todas las preguntas que planteo recibo la respuesta de que no lo iba a entender, de que iba a ignorar su problema. Todo los intentos por entender al otro fallan. Cuando topo con un muro de insatisfacción, siento que me crece el enojo en el interior. Y entonces dejo de seguir golpeándome contra la pared. Dejo al otro con su insatisfacción. Pero no lo doy por perdido. Tengo la esperanza de que se enfrente a su insatisfacción y reconozca que debe empezar por sí mismo, en lugar de responsabilizar a los demás.

No resulta fácil transformar a personas insatisfechas en personas satisfechas. Por eso estoy tan agradecido cuando me encuentro con personas satisfechas. De ellas emana la paz. Con ellas se puede mantener una buena conversación. Y en la conversación se llega a temas importantes. Por ejemplo, puedo ampliar con ellas las ideas de la conferencia. La conversación con personas satisfechas es un regalo y nos enriquece. La conversación con personas insatisfechas, por el contrario, nos provoca un sentimiento de enojo, de agresividad, o también de duda e inseguridad. Me debo proteger de la insatisfacción de los demás, porque, en caso contrario, puedo quedar contagiado. Cuando hablo con personas insatisfechas, siento en mi interior la obligación de emitir satisfacción. Siento la responsabilidad de emitir satisfacción o insatisfacción. Y solo cuando sale de mí la satisfacción, mis palabras alcanzan a los demás, porque si sienten mi propia inseguridad detrás de mis palabras, se cerrarán interiormente a ellas.

6. Satisfacción con la vida

La insatisfacción con las cosas o con otras personas tiene en la mayoría de los casos una causa profunda: la insatisfacción con la propia vida. Uno se concentra en todo lo que no va bien. Uno se queja sobre los vecinos, que son demasiado ruidosos, que son poco amistosos, que pasan de largo, o que son demasiado curiosos y siempre quieren entablar conversación. A todo hay que ponerle pegas. Uno está insatisfecho con la vida tal como se ha desarrollado hasta ese momento, con la carrera profesional, con la situación actual de la empresa, con los parientes, con la familia. Naturalmente siempre existen razones para estar insatisfecho. Y entre los familiares, en la empresa, en la historia vital de cada uno existen cosas que no son fáciles de aceptar. Pero a pesar de todo ello pertenece a mi comportamiento interior cómo reacciono ante lo que me ocurre.

La persona satisfecha está en consonancia con su vida. Con frecuencia lo ha pasado mal cuando las cosas no han ido como se había imaginado. Pero se ha adaptado a ello con rapidez y le ha dicho que sí a todo. Ve su vida en relación con la vida de otras personas. Así puede decir: «Estoy satisfecho. Estoy sano.

Tengo una familia, que me acoge, en la que me siento bien. Tengo una profesión, que me gusta ejercer, que me da alegría. Y estoy agradecido por mi fe, que me apoya».

La persona satisfecha se ha despedido de la ilusiones, que es posible que también tuviera en su momento. Lo acepta todo como es. Hace poco durante una conferencia en una iglesia conocí a un anciano sacristán. Emitía ese tipo de satisfacción y estaba satisfecho con su párroco, con su comunidad. Saludaba amablemente a los que entraban en la sacristía y buscaban el baño. Hablaba con alegría y lleno de amabilidad sobre las personas de su comunidad. Se alegraba de que en los días laborables acudieran a misa unos treinta feligreses, disfrutando de celebrar cada día la fiesta de la eucaristía, de encontrarse, de hablar después de la misa y de contarse sus vidas. Así cada una de esas personas sabe de todas las demás y conoce lo que les mueve. Y uno se siente en casa en medio de la ciudad, acogido por una comunidad de creyentes. Este sacristán amistoso y satisfecho también emanaba sabiduría. Sentía que este hombre no juzgaba a nadie, que estaba abierto a todas las personas, para los feligreses con sus peculiaridades y para los extranjeros y los refugiados. Como está satisfecho con su vida, la satisfacción que emana de él también hace bien a todos los que se encuentran con él.

No mantuve una conversación larga con él. No hubo oportunidad. Pero me puedo imaginar con facilidad cómo ha transcurrido la vida de ese hombre. Estoy seguro de que no todo le fue bien. La satisfacción que emanaba de este anciano, seguramente la alcanzó atravesando algunas dificultades, que habría vivido algunas enfermedades, que habría sufrido algunas decepciones y heridas. Pero no se dejó aplastar por todas las dificultades y dijo sí a su vida. Por eso surgía de él una satisfacción, que no era impostada, sino auténtica y verdadera. Estas personas satisfechas son una bendición para su entorno.

Una de mis tías perdió a su esposo en la guerra y, cuando esta terminó, tuvo que llevar sola la granja. Después se casó con el mozo que había contratado. Al cabo de unos años dos de sus hijos murieron de cáncer, posiblemente leucemia. Pero aun así siguió siendo una mujer alegre llena de vitalidad. Cuando le pregunté cómo a pesar de todo podía irradiar esta satisfacción, me respondió: «Cada uno debe llevar su cruz». No se había rebelado contra su destino. Lo había aceptado como la cruz que Dios le había cargado. Esta idea de llevar la cruz no remitía a la resignación, sino a la paz interior y a estar en consonancia con la vida. Su fe le había dicho que la cruz existía. No se había buscado su cruz. Pero al encontrarla, la aceptó como un desafío. Y creció gracias a ella. A pesar de todo, estaba satisfecha con su vida, y esta satisfacción surgía de ella. Era muy agradable hablar con esta mujer. De ella surgían unas grandes ganas de vivir.

En los últimos veinticinco años de su vida, mi madre solo tuvo un tres por ciento de visión. Había perdido a su esposo cuando tenía sesenta y un años. Pero en su vejez siempre brilló de satisfacción. Aceptó la vida como se presentó. Cuando se le preguntaba cómo le iba, siempre respondía: «Estoy satisfecha».

Se había reconciliado con su enfermedad y había intentado sacar lo mejor de ella, y conservar sus sólidos rituales, que le daban seguridad. Le gustaba conversar con las personas y se alegraba cuando les podía regalar un poco de ganas de vivir. De igual manera, conozco a muchas personas ancianas que irradian satisfacción, aunque padezcan alguna enfermedad y sean muy conscientes de sus debilidades y limitaciones. No están obsesionadas con las limitaciones y el deterioro, sino que se centran en lo que aún pueden hacer, en lo que aún les es posible. Estas personas ancianas que irradian satisfacción son una bendición para su entorno. Pero como es normal, también nos encontramos con ancianos que siempre se están quejando. Se sienten solos, abandonados por Dios y por los demás. Uno se aleja instintivamente de ellos para no quedar contagiado por su insatisfacción.

Con frecuencia las personas ancianas me explican su vida. En ella hay mucho sufrimiento: experiencias durante la guerra, expulsiones, añoranza, rechazo por parte de los autóctonos al ser refugiados, la necesidad de ganarse trabajosamente la vida…, pero, a pesar de todo ello, me cuentan su vida tal como fue, sin responsabilizar a nadie. Fue dura y amarga. Pero están orgullosos de haberlo soportado todo. Y por eso están reconciliados con su vida y se sienten agradecidos por seguir viviendo, por estar sanos hasta cierto punto y tener una casa bonita y una familia, con hijos y nietos. No obstante, también hay personas ancianas que están solas y, aun así, hablan con frecuencia de su vida con satisfacción. Les habría gustado tener una familia, pero no fue posible. No están amargadas, sino en consonancia con la vida tal como es. Se sienten en la parroquia como en casa. Se preocupan por otras personas. Y están agradecidas de que les vaya mejor que a otros muchos que se encuentran cuando visitan los hospitales o las residencias de ancianos.

Aparentemente, la satisfacción con la vida no depende de lo que ha vivido cada persona, sino de la manera como ven e interpretan en la actualidad lo que han vivido. Y es decisión nuestra cómo contemplamos la vida pasada, si lo hacemos con amargura o con agradecimiento. No podemos cambiar el pasado. Ha desaparecido. Pero podemos decidir cómo contemplamos nuestra vida pasada y nuestra situación actual. Quien lo mira con un ojo satisfecho lo vivirá de manera diferente que quien siempre se está quejando y se siente perjudicado por el destino.

7. Sendas hacia la satisfacción

He explicado con frecuencia cómo podemos conseguir la satisfacción. En la palabra *zu-frieden* [satisfacción] se encuentra la imagen de que debemos alcanzar la paz [*Frieden*], que debe existir una senda que nos lleve hasta la paz. Por eso, en el último capítulo me gustaría analizar con mayor detenimiento los caminos que nos pueden llevar a la satisfacción. Para ello, me gustaría adentrarme por tres sendas: la vía filosófica, como queda descrita en la escuela filosófica griega de la Estoa; la vía psicológica y la vía espiritual. En cualquier caso, los tres senderos están entrelazados. Y veremos que los tres caminos se abren en diferentes momentos a los otros caminos.

La senda de la Estoa

La filosofía estoica fue fundada en Chipre alrededor del año 300 a.C. por Zenón de Citio. La filosofía estoica no trataba solo de explicar el mundo. Su campo principal se centraba más bien en el comportamiento correcto de la persona y del

camino hacia la felicidad y la satisfacción interiores. En el
Nuevo Testamento podemos ver que Pablo conocía la filosofía estoica. Por eso en sus llamados catálogos de vicios y
virtudes cita con frecuencia a los filósofos estoicos. En los
Hechos de los Apóstoles, Lucas nos cuenta que Pablo dis-
cutió con filósofos estoicos. Pablo pronunció un discurso
en el Areópago, donde expresó muchas ideas de la filosofía
estoica. Una de esas ideas es que Dios no vive en templos
construidos por los hombres, sino que está presente en todo
el mundo. Las palabras «en él vivimos, y nos movemos, y
somos» (Hechos de los Apóstoles 17, 28) se pueden encontrar
de manera parecida en los filósofos estoicos.

Los romanos sentían un gran aprecio por la filosofía estoica.
Sobre todo hay que nombrar a Séneca y más tarde al filósofo
en el trono imperial: Marco Aurelio. Un representante principal
de la Estoa fue el antiguo esclavo Epícteto, que nació alrededor
del año 50 d.C. en Frigia y llegó a Roma como esclavo. Allí
fue liberado por su amo, que reconoció en él su valor como
filósofo. Epícteto era cojo y permaneció soltero. Sus ideas, que
fueron reunidas por sus discípulos, eran muy apreciadas por los
padres de la Iglesia y los primeros monjes. Los monjes vieron
en él un cristiano filosófico. Me gustaría exponer algunas de
sus ideas sobre la senda hacia la satisfacción. Con frecuencia
descubriremos paralelismos con expresiones cristianas.

Una idea decisiva en Epícteto se encuentra en la diferencia
entre lo que está en nuestro poder y lo que no está en nuestro
poder. Nuestros pensamientos y sentimientos están en nues-

tro poder. Pero, en cambio, lo exterior, lo que encontramos en la naturaleza o el comportamiento de las personas a nuestro alrededor, no están en nuestro poder.

El error más grande que podemos cometer es darle vueltas constantemente a lo que no está en nuestro poder. Así escribe Epícteto: «Si tienes por libre lo que por su naturaleza no es libre y por propio lo que te es extraño, tendrás muchos disgustos, zozobras y tristezas, y estarás descontento con Dios y con todas las personas. Si tienes por tuyo lo que lo es y por extraño lo que es extraño, nadie te podrá obligar, ni nadie te podrá impedir, no le reprocharás a nadie, ni le reprenderás ni hará nada en contra de tu voluntad. Nadie te hará daño porque no tendrás ningún enemigo..., nada te puede dañar» (Epícteto, 21).

La otra diferencia importante está entre las cosas y las representaciones que nos hacemos de las cosas: «Las cosas por sí mismas no perturban a las personas, sino las representaciones de las cosas. Así, por ejemplo, la muerte no es temible –porque entonces también le habría tenido que parecer temible a Sócrates–, lo que es temible es su representación de que es algo temible. Cuando somos infelices, estamos intranquilos o perturbados, no buscaremos la causa en nada que no esté en nuestro interior, es decir, en nuestras representaciones» (Epícteto, 24). Alrededor de las representaciones gira también el tema de la satisfacción. Cuando tenemos una representación de nuestra vida que no se ajusta a la realidad, estamos insatisfechos. Por eso, Epícteto nos exige: «No permitas que todo ocurra como deseas, sino estate satisfecho con que ocurra como ocurre, y vivirás en paz» (Epícteto, 25).

A veces las palabras de Epícteto suenan demasiado racionales. Parece que pasan por encima de nuestras emociones. Epícteto cree en la fuerza de la razón. Aunque sus pensamientos puedan parecer demasiado racionales, en ellos también se encuentra un desafío. Esto vale también para la representación de que todos tenemos que desempeñar un papel en una obra que dirige Dios y no nosotros mismos. No podemos elegir el papel. Nuestro deber es interpretar correctamente el que nos han otorgado, ya sea el de un gobernante o el de una persona con discapacidades, como era el propio Epícteto con su cojera (véase Epícteto 29).

La idea de que no nos hiere la otra persona, sino la representación que nos hacemos del otro se acerca mucho a las palabras de Jesús: «No te hiere quien te avergüenza ni quien te pega, sino solo las representaciones de que te hieren» (Epícteto, 31). Lo que conduce de nuevo a un comportamiento similar hacia el presunto enemigo, como Jesús exigió de nosotros en el Sermón del Monte. La enemistad siempre se forma a partir de proyecciones, de representaciones que me hago del enemigo, quien no puede reconocer ni combatir lo que no puede reconocer que yo veo en él. Cuando supero esta representación, el otro deja de ser mi enemigo y se convierte en alguien que está internamente dividido y necesita curación. Solo podemos entender las palabras de Jesús «a quien te hiera en la mejilla derecha, vuélvele también la otra» si nos remitimos a nuestras representaciones. En la época de Jesús se golpeaba con el dorso de la mano. Pegar de esta manera no era un acto de violencia, sino de deshonra. Se trataba de un gesto despectivo. Pero si yo no me desprecio, si soy consciente de mi dignidad, entonces la representación que tiene el otro de mí no puede provocarme inseguridad. Conservo mi honor, aunque el otro me golpee también en la otra mejilla y me transmita una vez más que no valgo nada.

Como los primeros monjes, Epícteto también nos exige que tengamos la muerte siempre presente: «Te alejará de pensamientos banales y de deseos exagerados» (Epícteto, 31). Los monjes fundamentan el recuerdo diario de la muerte en que a partir de ese momento se vive conscientemente y cada instante. Para Epícteto el recuerdo de la muerte nos libera de pensamientos banales. Así, vemos nuestra vida como es realmente. Y la situamos en el marco general de la historia. Nuestra vida es limitada. Y debemos decir que sí a esta vida limitada. Entonces será una bendición para los demás.

Epícteto también nos exige que tengamos una representación correcta de Dios o de los dioses cuando escribe: «Debemos saber que ellos (los dioses) están realmente presentes y gobiernan correctamente el mundo. Te tienes que acostumbrar a obedecerles y a sobrellevar con gusto tu destino, con el convencimiento de que es consecuencia de una decisión sabia. En ese caso, no los criticarás nunca ni les harás reproches cuando te quedes demasiado corto» (Epícteto, 38).

Cuando en el padrenuestro decimos «Hágase tu voluntad»,

nos referimos a esta actitud de entregarse a la voluntad de Dios. Entonces estaremos satisfechos con nuestra vida. No obstante, en ese camino encontraremos obstáculos de rebelión y sentimientos de duda, ira y tristeza. Según Epícteto, siempre debemos pensar en la sabiduría de Dios, que supera nuestros pensamientos. Debemos confiar en que todo procede de la sabiduría de Dios, de manera que nos podamos reconciliar con lo que es. Pero, evidentemente, Epícteto también sabe que no es fácil reconocer la sabiduría de Dios en el padecimiento que sentimos. Se trata siempre de un proceso que debemos superar. Nos tenemos que obligar a estar en consonancia con la vida, con la confianza en que todo procede de una sabiduría superior, que con frecuencia no comprendemos.

Cuando uno se rebela contra sí mismo, se hace daño. La propia persona se mete en una cárcel. Epícteto pregunta: «¿En qué prisión? En la que se encuentra ahora; porque está allí en contra de su voluntad, y donde alguien está en contra de su voluntad, allí se encuentra su prisión. Así, por ejemplo, Sócrates no estaba en la cárcel, porque se encontraba allí por voluntad propia» (Epícteto, 63). Epícteto era cojo, pero no se planteaba la pregunta «¿Debo tener esta pierna inútil?». Al que se lo pregunta, le responde: «Hombrecillo, ¿a causa de este pie insignificante discutes sobre el gobierno del mundo? ¿No quieres considerarlo a Él formando parte del todo? ¿No quieres renunciar voluntariamente a lo que tienes para devolvérselo con alegría a quien te lo dio?» (Epícteto, 63). Estas ideas nos suenan demasiado fáciles. Pero en ellas se esconde el desafío de contemplarse uno mismo y su vida a la vista de Dios o, como lo expresa Epícteto, a la vista de todo el cosmos. Nosotros formamos parte de este cosmos. Cuando nos vemos como una parte, entonces se relativizan nuestros deseos ante la vida. Para Epícteto, todo está íntimamente relacionado. Por eso nunca estamos solos, siempre somos uno con el cosmos y, en última instancia, uno con Dios: «Por eso, cuando cerráis la puerta y oscurecéis vuestra casa, pensad que nunca podéis decir que estáis solos; porque no lo estáis, Dios está en vosotros» (Epícteto, 65).

Aunque en algunas ocasiones las ideas de Epícteto me parecen demasiado sencillas y racionales, veo en ellas un desafío: decirle que sí a mi vida. Las ideas nos quieren mostrar un camino para que podamos estar satisfechos con nuestro destino. No lo debemos cuestionar constantemente. Es como es. Formamos parte del todo. Y la forma en que decimos que sí a nuestra vida tiene un efecto sobre el conjunto del cosmos. No nos hemos buscado el cuerpo, sano o enfermo, que nos han otorgado, los talentos que tenemos, las limitaciones que padecemos. Si estamos satisfechos con nuestra vida, tal como es, entonces irradiamos paz y realizamos nuestra aportación a la transformación de este mundo. Desde el punto de vista cristiano, diríamos que entonces el espíritu de Jesús entra en el mundo a través de nosotros y lo transforma, de manera que se parezca cada vez más a Cristo.

Sendas psicológicas

Podemos encontrar determinadas ideas prescritas por la filosofía estoica como senda hacia la satisfacción interior expresadas
de forma parecida en la psicología actual. Aun así, me gustaría
presentar algunos conceptos que nos pueden indicar un camino
hacia la satisfacción.

La imagen de las representaciones que nos hacemos de las
cosas y que no coinciden totalmente con la realidad también
aparece en las diferentes escuelas psicológicas. En la psicología de C.G. Jung, estas representaciones están relacionadas
con las ilusiones. Siempre ve el hombre como una estructura
polarizada, es decir, en nosotros existen polos contrapuestos:
amor y odio, razón y sentimiento, confianza y miedo, fe e in-
credulidad, disciplina e indisciplina. Si nos aferramos a nuestra
imagen ideal, entonces ensombrecemos el polo que queremos
eliminar. Desde las sombras actuará de manera destructiva
contra nosotros. Entonces viviremos constantemente temiendo
que la sombra se manifieste de manera incómoda y nos pueda
ridiculizar ante los demás. Por eso, un camino importante hacia la satisfacción interior es que aceptemos con toda humildad nuestro lado sombrío. Esto conduce a un sosiego interior.
Cuando intentamos aplastar la sombra, tenemos la impresión
de estar constantemente sentados sobre un barril de pólvora
que puede explotar en cualquier momento. Jung nos reco-
mienda que nos reconciliemos con nuestro lado sombrío. En
este sentido, utiliza expresiones casi religiosas. Así, describe

a las personas que se han reconciliado con su lado sombrío y con la historia de su vida: «Se encontraron consigo mismos, se pudieron aceptar, estaban en disposición de reconciliarse consigo mismos y, de esta manera, también se reconciliaron con circunstancias y acontecimientos adversos. Esto es casi lo mismo que antes se expresaba con las palabras: "Ha hecho las paces con Dios, ha ofrecido en sacrifico su voluntad en la medida en que se ha sometido a la voluntad de Dios"».

La reconciliación con uno mismo no se refiere únicamente a la aceptación de las sombras, sino también a la aceptación de la propia historia vital. Jung quiere decir que en algún momento deja de tener importancia cómo fue la niñez, qué heridas se recibieron en esa época. En gran medida, nuestro deber es reconciliarnos con esta historia concreta. Entonces las heridas también se pueden convertir en una oportunidad, incorporadas en nuestro verdadero ser. O, como dice Hildegarda de Bingen: «Las heridas se pueden transformar en perlas». Me pueden poner en contacto con mis verdaderas capacidades. Entonces no sigo en discordia con la historia de mi vida, sino que estoy en paz con ella. Contemplo satisfecho mi vida tal como es ahora. Todo lo que fue me ha convertido en lo que soy ahora.

La terapia de comportamiento cognitivo nos muestra otras sendas hacia la satisfacción. Parte del hecho de que nuestro bienestar depende de cómo contemplamos las cosas, cómo nos valoramos a nosotros mismos y nuestras vivencias. Estas ideas se asemejan a las de Epícteto. Estamos insatisfechos con nosotros mismos porque valoramos nuestra vida de una manera muy determinada. Nos analizamos como personas fracasadas, como cobardes, como débiles, como incapaces para los conflictos, como incapaces para relacionarnos, y entonces consideramos que somos precisamente así. Las falsas valoraciones tienen lugar cuando exageramos al dejar de lado circunstancias importantes y al seguir dogmas típicos como: «Todo el mundo me tiene que amar. Debo ser perfecto» (Jaeggi, 34). Resulta importante desenmascarar este tipo de falsas valoraciones y despedirse de ellas. Entonces me puedo vivir de una manera diferente y encontrar la paz interior.

De la misma manera que nos valoramos erróneamente, también nos planteamos juicios equivocados sobre otras personas. Las vemos como superiores a nosotros o como hostiles, como hipócritas, como rivales. Entonces también las vivimos de esa manera. La manera en cómo vivamos las personas depende de la imagen interior que nos hemos hecho de ellas. Un elemento importante de la terapia consiste en tomar conciencia de estas imágenes y sustituirlas por otras más realistas.

Otro camino –sobre todo en la psicología profunda– consiste en preguntarme sobre las causas de mi insatisfacción. Con frecuencia se trata de experiencias dolorosas que tuve durante la infancia. No me sentí protegido. Me impusieron imágenes. No se me permitió ser yo mismo. Quizá mis padres me presionaron constantemente para conseguir mejores resultados, para tener más éxito. No pude cumplir las esperanzas de mis padres o quizás incluso sufrí su rechazo. Todas estas experiencias de la primera infancia siguen influyendo en mí. Y a menudo son la causa de que ahora no esté satisfecho conmigo mismo. El recuerdo de estas experiencias por sí solo no me permite alcanzar la satisfacción. Se trata de vivir de nuevo el dolor, de sentir de nuevo el odio que surge en mi interior. Cuando paso a través de los sentimientos negativos, descubro de repente otras emociones en el fondo de estos sentimientos. Al fondo de mi odio se vislumbra el amor. Al fondo del dolor experimento una paz interior. En esta senda, lo mejor es disponer de un acompañante terapéutico, que contemple todas estas vivencias conmigo y las pueda trabajar a mi lado. Entonces podré transformar lentamente la imagen que tengo de mí y alcanzar la paz conmigo mismo.

Roberto Assagioli, fundador de la psicosíntesis, ha mostrado otro camino hacia la paz interior. Escribe que, por un lado, la terapia consiste en la reconciliación con la propia vida. Pero existe otra senda, la de la des-identificación. Conduce de las experiencias exteriores al propio interior. Assagioli designa el interior de la persona como el Yo Espiritual. El método de la des-identificación funciona de la siguiente manera: contemplo la ira que surge en mí. La dejo crecer. Puede existir. Pero entonces me vuelvo hacia el interior, hacia el Yo interior, que observa esta ira. Assagioli habla de un observador no observado. Este Yo interior que observa la ira no está infectado por la ira. Entonces me digo: «Siento ira, pero no soy mi ira. Tengo problemas, pero yo no soy el problema. Tengo miedo, pero yo no soy mi miedo». Me distancio de las emociones y de los problemas sin intentar contenerlos. Me alejo de ellos hacia el interior. Allí, en la «patria interior», como la llama otro psicólogo transpersonal, James Bugental, me encuentro en consonancia conmigo mismo y en consonancia con Dios. Allí no me puede molestar la insatisfacción con los hechos exteriores de mi vida. En cambio, siento una profunda paz interior y una profunda libertad interior.

Sendas espirituales

La psicología transpersonal, tal como se articula en Assagioli, abre la senda psicológica hacia una senda espiritual. A partir de mi experiencia como consejero espiritual me gustaría describir algunos aspectos de este camino que nos puede llevar a la satisfacción.

Muchos están insatisfechos consigo mismos porque a causa de su educación religiosa tienen la idea de que deben ser perfectos y deben superar todas sus debilidades. Otros tienen la impresión de que siempre serán pecadores y acarrearán la culpa. Vivir continuamente con mala conciencia nos roba la paz interior. La causa de esta mala conciencia es con frecuencia una religiosidad moralizante. Intercambiamos la persona piadosa por la persona moralmente perfecta y nos encontramos en todo momento bajo la presión de cumplir las exigencias morales. Generalmente, detrás de esta presión no se halla la voluntad de Dios, sino del propio Superyó. Consideramos que Dios quiere de nosotros que seamos sin tacha. Pero con frecuencia se trata del orgullo del propio Superyó para aparecer perfectos delante de los demás.

Contra este moralismo y esta espiritualidad que con frecuencia nos apabullan, debemos situar la espiritual que Jesús nos ha enseñado. Para él, la misericordia es el comportamiento más importante del cristiano. Él desafía a los fariseos: «Id, pues, y aprended lo que significa: misericordia quiero y no sacrificio» (Mateo 9, 13). Jesús utiliza aquí una fórmula de la escuela de los fariseos. Les quiere decir: id a casa, sentaos en el pupitre y aprended la lección más importante que nos imparte Dios. Se trata de la misericordia y no del rendimiento, ni del sacrificio. Cuando nos tratamos con misericordia, encontramos el camino hacia la paz interior. Entonces estamos satisfechos con nosotros mismos, aunque cometamos un error. Porque no reaccionamos con juicio, sino con misericordia. No reaccionamos con la razón acusadora, sino con el corazón compasivo.

Una causa de nuestra insatisfacción se encuentra en las representaciones que nos hacemos de nosotros mismos. Muchos tienen la imagen de sí mismos de que siempre deben ser perfectos, valientes y afortunados, y que han de seguir la moda y estar en la onda. O tienen imágenes de la autodevaluación: «No estoy bien. Nadie me aguanta». Contra estas imágenes de la sobrevaloración y la infravaloración, deberemos situar la imagen que Dios se hace de nosotros. Cada persona es una imagen única que Dios solo se ha hecho de esa persona. No podemos describir esa imagen. Pero cuando estamos en consonancia con nosotros mismos, podemos confiar en que estamos en contacto con esa imagen. Esa imagen, que Dios se ha hecho de mí, no es la de una mala persona, sino la de una persona a través de la cual Dios quiere hacer brillar en este mundo algo de su propio ser, de su propio amor. También es una autoimagen positiva.

Esta autoimagen positiva se nos reveló claramente en el bautismo. Allí Dios nos habla: «Eres mi hijo amado. Eres mi hija amada. En ti siento complacencia». Se trata de unas palabras de amor incondicional. Dios me ama incondicionalmente. No tengo que comprar su amor con resultados, con un buen comportamiento. El psicólogo pastoral católico Karl Frielingsdorf considera que cuando un niño solo experimenta condiciones para tener derecho a la vida, cuando solo se le ama si obtiene los resultados deseados, si tiene éxito, si es valiente y conformista, entonces desarrolla estrategias de supervivencia. Quiere obtener siempre mejores resultados para que finalmente se le vea. Nunca se atreve a expresar sus propias opiniones, solo para que todos lo amen. Estas personas nunca están en paz consigo mismas. Se encuentran permanentemente bajo la presión de tenerse que examinar. Y lo que hagan nunca será suficiente. Frielingsdorf llama esta forma de vivir solo un sobrevivir, pero no una vida verdadera. El amor incondicional a través de Dios es la condición previa para que podamos estar satisfechos con nosotros mismos. Esto no significa que no trabajemos en nosotros, que no recorramos una senda de transformación espiritual. Pero existe precisamente un fundamento de la vida espiritual: solo puedo transformar lo que he asumido. En primer lugar, solo cuando me he aceptado tal como soy puede tener lugar la transformación. Lo que rechazo en mí, sigue colgado de mí. Solo se transforma si lo acepto con amor y humildad.

Y existe otro fundamento espiritual que nos conduce a la paz interior: transformación, en lugar de modificación. Muchos no están satisfechos consigo mismos. Dicen: «No soy bueno. Me tengo que convertir en otra persona. Todo tiene que ir de una manera muy diferente en mi vida». Están furiosos contra sí mismos, cambian constantemente su manera de vivir, de alimentarse y sus métodos psicológicos, para convertirse en una persona completamente diferente. La transformación es más suave. Dice: «Todo en mí puede ser. Pero yo no soy aún el o la que podría ser a partir de mi ser. Todo lo que hay en mí se lo presento a Dios. No juzgo nada, no reprimo nada. Se lo presento a Dios con la esperanza de que su amor lo penetre todo en mí y lo transforme todo en mí».

El objetivo de la transformación es que sea cada vez más yo mismo. El proceso de la transformación pasa por contemplar realmente lo que hay en mí y a continuación ponerlo en relación con Dios. Le presento a Dios mi realidad tal como es. También le presento a Dios lo que aparece en mis sueños. Todo puede ser. No debo reprimir nada. Confío asimismo en que el amor de Dios penetre en lo más profundo de mi inconsciente, que ilumine todo lo oscuro que hay en mí y que a través de su amor conduzca a la buena dirección todo lo que hay equivocado en mí. Evidentemente, también puede ser de ayuda en el proceso de transformación que cambie las circunstancias exteriores y las costumbres de mi vida. Modifico las condiciones de mi vida para que me pueda transformar, para que pueda ser cada vez más quien realmente soy.

Una causa de por qué muchas personas están insatisfechas es el intercambio de la imagen que Dios se hace de ellos por la imagen de la propia ambición. Consideran que Dios les exigiría que fueran perfectos. Y con frecuencia citan a continuación las palabras de Jesús de que debemos ser perfectos como nuestro Padre celestial (Mateo 5, 48). Cuando se analiza un poco más la traducción, entonces no se debe traducir la palabra griega *teleioi* como «perfecto» o «inmaculado» o «sin tacha», sino como «completo». Y la palabra griega *esesthe* no significa «debéis ser perfectos», sino «seréis completos, como también lo es vuestro Padre celestial». Por eso no se trata de una exigencia que nos sobrepasa, sino de una promesa. Cuando, al igual que Dios, dejamos brillar en nosotros el sol de nuestra benevolencia sobre lo bueno y lo malo y sobre lo bueno y lo malo en el mundo, entonces participamos de Dios, entonces estamos completos e íntegros como Él. En ese momento desaparece la ruptura interior. Y la insatisfacción que sentimos en nuestro interior porque aún no hemos alcanzado la perfección desaparecerá a través de una actitud benevolente hacia todo. Esto conduce a la paz interior.

Cuando en el acompañamiento espiritual las personas me explican que no están satisfechas consigo mismas porque no son lo suficientemente devotas, porque no tienen suficiente disciplina, porque con frecuencia reaccionan mal ante las críticas, siempre pregunto: «¿Quieres satisfacer la imagen de tu orgullo o satisfacer a Dios? ¿Dios quiere que aparezcas ante los demás como una persona espiritual o eres tú quien lo quiere?». Para mí, en la senda espiritual se trata siempre de liberarse cada vez más de las imágenes que me he autoimpuesto y preguntarme qué quiere Dios de mí. ¿Qué me ha confiado Dios? Siempre me gustaría estar sosegado para mostrar cómo la fe transforma a la persona y le ofrece la tranquilidad interior. Pero a lo mejor Dios quiere de mí que me deje llevar por mi sensibilidad y que me convierta en testigo en el mundo de la misericordia de esa persona que padece a causa de sus debilidades. ¿Dios quiere de mí que sea disciplinado y siga fielmente mis rituales o quiere que sea consciente de mis debilidades y siga siempre buscándolo, sintiéndolo? Estoy entregado a la misericordia de Dios. Nunca seré perfecto. Nunca alcanzaré la imagen que me he hecho de mí. Pero precisamente en eso es posible que Dios quiera arrancarme mis propias representaciones para acercarme cada vez más al misterio de su amor. Esto no significa que me resigne y no trabaje en mí. Tengo muchas ganas de trabajar en mí. Pero no me presiono. Sé que el proceso de transformación contiene errores y equivocaciones. Pero confío en que me iré convirtiendo cada vez más en quien soy por Dios.

Muchos ven la voluntad de Dios como algo a lo que nunca podrán llegar. O lo ven como alguien extraño, arbitrario, que tacha la cuenta de su vida. Pero Pablo escribe en la Primera Epístola a los Tesalonicenses: «La voluntad de Dios es vuestra santificación» (1 Tesalonicenses 4, 3). Santificación no significa que seamos perfectos, sino que seremos santos y completos, que seremos completamente nosotros mismos. *Hagios*, es decir, «santo», es lo que está apartado del mundo, sobre lo que el mundo no tiene ningún poder. La voluntad de Dios es que encontremos nuestro propio ser, que no está condicionado por el mundo y sus normas, sino que procede de Dios. Conocemos la voluntad de Dios cuando nos quedamos en completo silencio y entramos en contacto con el espacio interior del silencio en nuestro interior. Entonces lo que quiere nuestro espíritu y lo que quiere Dios son idénticos. Entonces encontramos en la voluntad de Dios una profunda paz interior. No es nadie extraño, que nos atemoriza, sino el consuelo de Dios, que encontramos en nuestro verdadero ser. Y cuando estamos en contacto con el verdadero ser, estamos en paz con nosotros mismos. Entonces estamos satisfechos. Lo externo ya no nos puede sacar de esta satisfacción.

Pero ahora no debo presionarme con el ideal de la satisfacción, de manera que siempre deba estar satisfecho. A mi vida pertenece el cambio constante de la satisfacción a la insatisfacción. La insatisfacción conmigo mismo me obliga a abandonar las imágenes de mí mismo y de mi vida espiritual para emprender cada vez el camino para encontrar mi ser verdadero y a otro Dios muy diferente. Cuando acepto la tensión entre insatisfacción y satisfacción, alcanzo la verdadera paz conmigo mismo, con las personas y con Dios. Pero eso no será nunca una paz completa, sino una que siempre estará en disputa. Siempre estamos en peligro de crearnos imágenes de nosotros mismos y de nuestra vida espiritual que no nos harán ningún bien. Cuando estamos insatisfechos, siempre resulta un desafío preguntarnos: ¿Esto lo quiere Dios de mí o lo quiero yo? ¿Es mi orgullo el que me lleva al límite para que supere esa frontera para entregarme al Dios sin límites? La insatisfacción conmigo mismo es el aguijón que me impulsa a conseguir la verdadera paz interior, una paz que solo puede otorgar ese otro Dios completamente diferente. No se trata de mi ideal de la persona satisfecha y sosegada, que siempre está centrada, que siempre está en consonancia consigo misma. No me aferro a mis representaciones, sino que dejó que Dios siempre me haga partir hacia la imagen que se encuentra detrás de todas las imágenes, hacia mi ser verdadero, que se vislumbra detrás de todas las autoimágenes.

8. Paz con Dios

La forma más elevada de la satisfacción es la paz con Dios. Cuando estamos en paz con Dios, también encontramos una forma más profunda de satisfacción con nosotros mismos y con nuestra vida. Podemos partir de los tres significados de la paz –consonancia (*eirene*), reconciliación (*pax*) y libertad– para describir adecuadamente la paz con Dios.

Pablo empieza sus epístolas siempre con un mismo deseo: «Gracia y paz a vosotros, de Dios nuestro Padre y del Señor Jesucristo» (1 Corintios 1, 3; véase también Romanos 1, 7; 2 Corintios 1, 2 y Gálatas 1, 3). La paz (*eirene*) procede de Dios. Él, que como Dios trino está en consonancia consigo mismo, debe dejarnos participar en su consonancia interior. La persona no llega a ser completamente ella hasta que el tono de Dios no resuena en su interior, cuando Dios se hace uno con ella. La Epístola a los Efesios desarrolla este tema, donde llama a Cristo nuestra propia paz. «Porque Él es nuestra paz, que de ambos pueblos (judíos y griegos) hizo uno, derribando a través de su muerte la pared intermedia de enemistad» (Efesios 2, 14). En cada uno de nosotros conviven el judío y el griego, el devoto y el pagano. Con frecuencia estos dos ámbitos están separados y luchan entre ellos. A través de su muerte, Cristo ha derribado la pared de separación entre estos dos campos. Ahora pueden estar en consonancia en nuestro interior. La Epístola de los Efesios desarrolla aún más este misterio de la paz: Cristo «vino y anunció las buenas nuevas de paz a vosotros que estabais lejos, y a los que estaban cerca; porque por medio de Él los unos y los otros tenemos entrada por un mismo Espíritu al Padre» (Efesios 2, 17ss.). Cristo ha conseguido que nuestro interior los diferentes tonos suenen al unísono. Ha reunido en nosotros lo lejano y lo cercano. Todo lo que hay en nosotros tiene ahora acceso a Dios, todo está abierto para Él, de manera que pueda penetrar en todo lo que hay en nuestro interior. Eso nos permite contemplar todo lo que hay dentro de nosotros y dejar que todo ello quede impregnado por el amor de Dios.

El otro aspecto de la paz es la reconciliación. Este aspecto lo desarrolla Pablo sobre todo en la segunda Epístola a los Corintios: «Dios estaba en Cristo reconciliando consigo al mundo, no tomándoles en cuenta a los hombres sus pecados, y nos encargó a nosotros [difundir] la palabra de la reconciliación. Así que somos embajadores en nombre de Cristo, como si Dios rogase por medio de nosotros; os rogamos en nombre de Cristo: reconciliaos con Dios» (2 Corintios 5, 19ss.). La reconciliación es el fundamento de la comunidad. La comunidad entre Dios y las personas quedó rota por el pecado.

La palabra alemana *Sünde* [pecado] deriva de *sondern* [separar, apartar]: el pecado nos ha apartado de Dios. Esto lo podemos expresar de manera psicológica: quien tiene mala conciencia se siente separado de las demás personas. Se aísla. Y quien tiene una mala conciencia delante de Dios se cierra a Él. Como no le quiere mostrar una mala conciencia, Dios mismo toma la iniciativa. En la cruz le mostró a los hombres que su culpa está perdonada. Este conocimiento elimina la mala conciencia de las personas y hace posible que se puedan acercar de nuevo a Dios y aceptar con gratitud su cercanía. Dios siempre ha estado abierto a las personas. Pero las personas se han cerrado a Él a través del pecado. El perdón abre esa puerta cerrada, de manera que la persona se vuelve a atrever a mostrarse a Dios y así poder confiar en que, a pesar de su culpa, Dios la ama. Esta reconciliación con Dios reconcilia a las personas consigo mismas. Las debilidades ya no son recriminaciones. Se sienten amadas incondicionalmente por Dios y pueden alcanzar también la paz consigo mismas.

El tercer aspecto de la paz con Dios es la libertad. Este aspecto lo ha destacado Pablo sobre todo en la Epístola a los Gálatas: «Estad, pues, firmes en la libertad con la que Cristo nos hizo libres, y no estéis otra vez sujetos al yugo de esclavitud» (Gálatas 5, 1). Una razón de nuestra insatisfacción es la esclavitud interna a través de nuestras representaciones de nosotros mismos y de la vida espiritual, y a través de los juicios interiores, que con frecuencia nos imponemos. Consideramos que solo podemos agradar a Dios cuando pronunciamos ciertas oraciones, aprendemos ciertas habilidades, transitamos por una senda espiritual clara. En la actualidad estos juicios interiores, que nos esclavizan, también se expresan de una manera mundana: cada día tenemos que correr tantos kilómetros. Solo podemos comer esto o aquello, para conservar la salud. Cada día tenemos que practicar la meditación para vivir conscientemente. En la actualidad, nuestra vida está condicionada por muchos juicios autoimpuestos o que nos imponen los medios. De la esclavitud a causa de todos estos juicios nos ha liberado Cristo. Cuando el espíritu de Jesús está en nosotros, somos verdaderamente libres. Así se dice en la Segunda Epístola a los Corintios: «[…] donde está el Espíritu del Señor, allí hay libertad» (2 Corintios 3, 17).

Lo que Pablo escribió en su Epístola a los Gálatas, el monje trapense Thomas Merton lo ha expresado una y otra vez en sus libros y conferencias. Thomas Merton tiene presente la vida en el claustro. Allí se encuentra con muchos hermanos que consideran que un buen trapense es el que cumple fielmente todas las reglas. Pero con frecuencia eso no conduce a la paz interior, sino que refuerza la neurosis que este o aquel ha traído consigo al claustro. Merton subraya continuamente la libertad interior a la que debe conducir la contemplación. Habla del renacimiento a la vida como una persona nueva, una «vida resucitada en el misterio de Cristo y en el reino de Dios» (Merton, 115).

Merton define la vocación del monje: «nacer de nuevo a una identidad nueva, completa, a una forma de existencia cuya fecundidad se remite a su profundidad y radicalidad y cuyas marcas identificadoras son la paz, la sabiduría, la creatividad y el amor» (Merton, 117). Quien haya encontrado esta nueva identidad se siente interiormente libre y supera la senda espiritual que Merton observa en muchos cristianos: el camino de la adaptación a la sociedad. Se es devoto para satisfacer las exigencias de la vida. Pero uno se adapta al mundo con sus expectativas, en lugar de ganar la libertad interior con la contemplación, que es a donde deberíamos ir. La persona que experimenta el nuevo nacimiento interior a través de la contemplación está capacitada para «experimentar como propias las alegrías y las penas de los demás, sin dejarse dominar por ellas. Ha conseguido una profunda libertad interior: la libertad del espíritu de la que habla el Nuevo Testamento» (Merton, 123).

Quien consigue esta libertad interior vive al mismo tiempo una vida completa. Integra en sí mismo todas las formas de vida: «La vida habitual de las personas, la vida del espíritu, la creatividad del artista, la experiencia del amor entre personas, la vida religiosa. Rompe las fronteras entre estas formas de vida, en la medida en que conserva lo mejor y lo más vasto, para que en última instancia pueda surgir un yo más amplio que englobe la totalidad » (Merton, 124). Esta persona también deja atrás las limitaciones culturales. Según Merton, se ha convertido en «católico» en su sentido más verdadero: une todo lo que considera una verdad interior presente en el mundo y en las distintas religiones. Para Merton, esto es también el objetivo del monacato: «El ideal monástico consiste precisamente en este tipo de libertad espiritual, es decir, la liberación de las limitaciones de lo que son obras inacabadas y fragmentos en el seno de la cultura transmitida. El monacato pretende tener una mirada amplia y universal que contempla todas las cosas bajo la luz de la verdad única, como san Benito que vio toda la creación "en un único rayo de sol"» (Merton, 125).

Libertad y paz, libertad y totalidad, integración de todos los opuestos, en eso consiste, según Merton, la verdadera meta de la contemplación. Se revuelve contra el axioma típicamente americano de que todo debe tener un resultado. Reconoce que en América también les gustaría utilizar la contemplación. El directivo debería practicar la contemplación para conseguir mejores resultados. Pero no se trata de eso, sino de la libertad interior, que supera todas las presiones hacia el conformismo y el utilitarismo. Así, Merton considera que el deber real del monje es «convencer al hombre moderno digno de la fe de que Dios es la fuente y la garantía de nuestra libertad y no un poder que se mueve por encima de nuestras cabezas, que limita nuestra libertad» (Merton, 187). La meta del encuentro con Dios es el «descubrimiento de nuestra propia libertad más profunda». «Si no nos encontramos nunca con Él, nuestra libertad nunca se podrá desarrollar» (Merton, 187).

La libertad interior, a la que nos debería conducir la contemplación, es la condición para una paz interior verdadera. Quien ha encontrado esta libertad interior alcanza una paz interior que ya no depende de lo que los demás piensen de él o de cómo lo traten. En este punto, Thomas Merton hace una descripción de las personas similar a la que hemos hallado en los escritos del filósofo estoico Epícteto. En definitiva, libertad y paz tienen que ir esencialmente unidas. La libertad interior es la condición de la satisfacción verdadera. Quien está libre del juicio de las personas, de las varas de medir de este mundo, como el éxito y el reconocimiento, la aprobación y la fama, se puede sentir satisfecho con cada instante. Se encuentra en su verdadera paz interior, porque Dios reina en él y ya no está dominado por sus propias necesidades o por las expectativas de las personas.

9. Realmente satisfecho

Hemos analizado algunos aspectos de la satisfacción, y hemos descubierto que no podemos tratar la satisfacción de una manera aislada. Cuando estudiamos un comportamiento hasta el final, nos conduce a otros muchos comportamientos que pertenecen a una vida lograda, la de la gratitud, la libertad, la independencia, la modestia, la sencillez y la claridad. Resulta decisivo que no consideremos que estos comportamientos son exigencias que debamos cumplir a la perfección. Se trata más bien de comportamientos que nos deben orientar en nuestra vida. Los llevamos incorporados. Cuando reflexionamos, descubrimos en nuestro interior estos comportamientos. Y nos sentimos agradecidos cuando los reconocemos como el camino hacia una vida plena y satisfecha.

Pero en nuestro interior no solo reconocemos los comportamientos que nos orientan. En nosotros también descubrimos la tendencia a vivir en contra de estos comportamientos o a olvidarlos. Así, el comportamiento de la satisfacción tampoco es una orientación que se encuentra inamovible como una columna de hormigón en nuestra vida. Se trata más bien de un árbol que está profundamente arraigado en nuestro espíritu. Pero el árbol también se inclina de un lado al otro con el viento. A veces se tiene que inclinar ante la tormenta. Pero después se vuelve a enderezar. A los monjes les gusta la imagen del árbol. Dicen que las tentaciones son como la tormenta, que obliga a nuestro árbol a hundir sus raíces más profundamente en la tierra. De la misma manera, la satisfacción interior se ve cuestionada de continuo por las tormentas de la vida. Se tiene que resguardar en medio del fracaso, que nos pertenece tanto como los logros.

Jesús no nos promete nunca satisfacción saciada. Más bien nos exige que permanezcamos firmes: «Si permanecéis firmes, conservaréis la vida» (Lucas 21, 19). O como dice literalmente en griego: «Con vuestra paciencia (*hypomene*), ganaréis vuestras almas». Cuando nos quedamos quietos, incluso cuando nos caen encima todos los aprietos, encontramos en medio de las turbulencias de nuestra vida la paz interior. Entonces seguimos siendo completamente nosotros mismos, en consonancia con nuestro verdadero ser.

Otras palabras de Jesús confirman este camino hacia la paz interior a través de todos los sufrimientos de nuestra vida. En la última ocasión con sus discípulos, Jesús les dijo, y también a nosotros: «Estas cosas os he hablado para que en mí tengáis paz. En el mundo tendréis aflicción; pero confiad, yo he vencido al mundo» (Juan 16, 33). La paz verdadera la encontramos cuando vencemos al mundo con Jesús, cuando ya no nos definimos en función del mundo, sino en función de

Dios. Por eso, la satisfacción es algo más que una característica del carácter. En última instancia, es el resultado de una senda espiritual, a través de la cual me libero internamente de los valores del mundo y descubro en mí el espacio interior de la paz, que ya está presente en mí en los cimientos de mi alma. Cuando entro en contacto con este espacio de la paz interior y del silencio, me siento verdaderamente satisfecho.

Bibliografía

EPÍCTETO. *Handbüchlein der Moral und Unterredungen.* Editado por Heinrich Schmidt, Stuttgart, 1966. [Este título alemán corresponde a *El manual de Epícteto (Enquiridión)*, del que existen diversas traducciones al castellano.]

GODEFRIED, HEINRICH. *Ein Büchlein von der Zufriedenheit.* Ratisbona, 1926.

GRONEMEYER, REIMER. *Die neue Lust an der Askese.* Berlín, 1998.

JAEGGI, EVA. *Kognitive Verhaltenstherapie – Kritik und Neubestimmung eines aktuellen Konzepts.* Weinheim, 1979.

MARCUSE, HERBERT. *Der eindimensionale Mensch.* Neuwied/Berlín, 1967. [Versión en castellano: *El hombre unidimensional.* Seix Barral, Barcelona, 1969. Ediciones posteriores en Ariel.]

MERTON, THOMAS. *Im Einklang mit sich und der Welt.* Traducción e introducción de Georg Tepe, Zúrich, 1992. [Versión en castellano: *Acción y contemplación.* Kairós, Barcelona, 1982.]

SCHENK, HERRAD. *Vom einfachen Leben – Glücksuche zwischen Überfluss und Askese*. Múnich, 1997.

STEINDL-RAST, DAVID. *Einfach leben – dankbar leben – 365 Inspirationen*. Friburgo de Brisgonia, 2014.

editorial Kairós

Puede recibir información sobre
nuestros libros y colecciones inscribiéndose en:

www.editorialkairos.com
www.editorialkairos.com/newsletter.html
www.letraskairos.com

Numancia, 117-121 • 08029 Barcelona • España
tel. +34 934 949 490 • info@editorialkairos.com